섬기며 사는 기쁨

사람이
사람을 만나면 역사가 일어나고

사람이
하나님을 만나면 기적이 일어난다!

김장환

WHEN A PERSON MEETS ANOTHER PERSON,
HISTORY TAKES PLACE
BUT
WHEN A PERSON MEETS GOD,
A MIRACLE HAPPENS!

Billy Kim

섬기며 사는 기쁨

김장환

나침반

시작하면서

희망을 선물하며 살고 싶습니다

　자서전을 출간하라는 권유가 많았지만 혹여 하나님보다 제가 더 드러날까 조심스러워 사양해 왔습니다. 하지만 2000년 1월 침례교세계연맹(BWA) 총회장 선출 소식이 언론에 소개되면서 저의 이야기가 TV 다큐멘터리로 만들어졌으며, 2000년 8월에는 저의 삶을 담은 평전 「그를 만나면 마음에 평안이 온다」가 발간되었습니다.

　보잘 것없는 한 소년을 이렇게 기독교 지도자로 세워주신 하나님의 섭리가 많은 사람의 마음에 닿았던지 여러 가지 반향이 있었습니다. 저를 미국으로 데려가 공부시킨 칼 파워스 씨의 아름다운 헌신과 한국 선교를 가능케 한 수많은 도움의 손길, 미국인 아내와 함께 혼혈아 자녀를 양육하는 모습이 여러분들께 잔잔한 감동을 주었나 봅니다.

　부족한 저와 함께 일하는 이들과 후원하는 분들의 헌신이 값지다는 생각에서 《중앙일보》의 인터뷰 요청에 응하게 되었고 저의 이야기가 《중앙일보》에 연재되는 동안 많은 사람들로부터 인사를 받았습니다. 어느 만두공장 사장님은 교회에 나가게 되었다는 소식을 알려왔고 처음 만나는 분들까지 감동을 받았다며 제게 악수를 청하기도 했습니다.

이렇게 영향력 있는 중앙일간지에 연재를 할 수 있도록 배려해 주신 홍석현 회장님께 감사 인사를 드립니다. 아울러 《중앙일보》 정명진 기자와 집필을 도와준 이근미 작가, 연재를 책으로 엮어준 「생각의 나무」 관계자들과, 「생각의 나무」의 어려운 상황으로 인해 이번 개정판을 발행한 나침반출판사에 감사의 마음을 전합니다.

수많은 분들의 도움으로 제가 여기까지 왔습니다. 저의 이야기가 큰 꿈을 갖고 있는 분들과 어려움에 처한 분들께 용기와 위로가 되길 바랍니다. 암담한 현실 속에서 꿈을 갖지 못했던 열여섯 소년에게 어느 날 꿈같은 일이 일어났습니다. 이 책을 읽는 모든 분들께도 새로운 꿈이 시작되길 바랍니다.

김장환

김장환(목사/극동방송-이사장)

차례

시작하면서_ 희망을 선물하며 살고 싶습니다　7

들어가는 글_ 가장 감격스럽고 감사한 순간　12

제1부 하나님이 주신 인연으로 만난 사람들　17

여당 목사라는 꼬리표 | 청문회감 혜택으로 세운 "아세아 방송" | 한 손에는 복음 전파, 한 손에는 한국 홍보 | 박대통령에게 "초대" 받다 | 한국에 온 카터 대통령 | 박 대통령 전도하기 | 미국에서의 활약 | 전두환 대통령과의 만남 | "목사님은 누구를 찍을 겁니까" | 백담사에서의 재회 | 북방정책을 지원하는 노태우 대통령 | 장로 대통령 김영삼 | 전도를 위해서라면

제2부 **예정된 신앙의 길을 가다**

죽기보다 싫었던 가난 | 미군 하우스보이가 되다 | "너, 미국에 가고 싶지 않니?" | 나의 은인 칼 파워스 상사 | 드디어 미국으로 | 밥 존스의 벙어리 빌리 | 최선을 다하면 잘될 거야 | "벙어리 빌리가 어떻게?" | 파워스가(家) 막내 아들 | 키가 작아 더 예쁜 트루디 | 인기 강사가 되다 | 나의 두 번째 은인 왈도 예거 장로 | 아내 트루디와 함께 고국으로 | 갈색 눈 갈색 머리의 며느리 | 김치, 고추장 그리고 계란 프라이 | "채찍으로 때릴지라도 죽지 아니하리라" | 혼혈아라는 딱지 | 말썽꾸러기 둘째 아들 | 목사가 된 두 아들

제3부 **다시 태어나도 나는 목사입니다**

또 다른 기회를 만나다 ㅣ 그레이엄 전도대회의 대성공 ㅣ 전도대회가 남겨준 것들 ㅣ 전도의 1차 대상 우리 가족 ㅣ 하루 24시간을 선교한다 ㅣ 보람있던 YFC 활동 ㅣ 담임목사가 되다 ㅣ 예배는 곧 축제 ㅣ 목사는 나의 천직이다 ㅣ 전 재산을 교회에 헌납하고 ㅣ '믿음'으로 운영되는 선교 방송 ㅣ 내 월급은 한 군데서만 ㅣ 은혜는 반드시 갚는다 ㅣ 끊이지 않는 작은 정성 ㅣ 극동방송을 돕는 손길 ㅣ 고인 만큼 쓰는 옹달샘 운영 ㅣ 다시 태어나도 목사가 되고 싶다

마치면서_ 봉하마을로 가다

들어가는 글

가장 감격스럽고 감사한 순간

"Billy Kim is president !" (빌리 김이 총회장에 당선되었습니다!)

2000년 1월 9일. 호주의 멜버른 컨벤션 센터에서 열린 제18차 침례교 세계대회 때의 감격은 지금도 가슴을 설레게 만든다. 각국에서 모인 상임위원 천여 명의 환호는 인생을 살 만큼 산 나에게도 여전히 감당하기 힘든 영광이었다.

미국 밥 존스 대학교에서 총학생회장에 당선되었을 때와 빌리 그레이엄 목사의 서울 전도대회 마지막 날 클라이맥스에서 느꼈던 감동들까지 한꺼번에 되살아나면서 온몸을 전율케 했다. 그저 감격과 감사가 넘치는 순간이었다.

그때 내 머릿속은 50년 세월의 강을 훌쩍 건너뛰고 있었다. 한국전쟁 때 미군을 따라다니며 일하던 하우스 보이를 미국으로 데려가 공부시켜준 칼 파워스 씨, 그리고 나를 한국에 선교사로 파견했던 왈도 예거 장로님의 얼굴이 떠올랐다.

또 미국에 가겠다는 아들에게 "너, 죽으려면 가거라!"고 말하던 어머니의 목소리가 쟁쟁하게 들리는 듯 했다. '죽으려면'이라는 말은 애써 듣지 않으려 하고, 그저 '가거라' 라는 말만 귀에 담았던 내가 아니던가. 미군 24사단 마크가 그대로 달린 군복에 미국 주소가 적힌 표를 가슴에 단 나의 후줄근한 모습도 어른거렸다.

내가 침례교세계연맹(BWA) 총회장이 됐다는 사실은 제3세계 목회자들에게도 희망을 던져준 쾌거가 아닐 수 없다. 그때까지만 해도 미국과 유럽의 목사들에게만 총회장 자리가 주어졌기 때문이다. 당시 축하 메시지를 보내주신 김대중 대통령께 이 자리를 빌어 다시 한번 감사드린다. 그때 많은 참석자들은 대통령까지 축하 메시지를 보내왔다는 사실에 약간 놀라는 듯 했다.

2000년 7월 5일 쿠바의 아바나에서 제19대 총회장으로 취임한 뒤 나는 국내보다는 외국, 특히 미국에서 총회장의 위력을 실감하고 있다. 미국 목사들의 태도가 확 달라졌음을 피부로 느낄 수 있었던 것이다. 미국에 친한 사람들이 많지만 그들에게 나는 언제나 한국이라는 작은 나라의 목사일 뿐이었다. 그런 인식을 깔고 있던 BWA 간부 목사들도 이제는 내가 미국 공항에 내리면 영접을 나오고 워싱턴 본부 사무실에서 예의를 갖춰 업무보고를 한다. 미국의 TV와 신문은 말할 것도 없고 캐나다 언론까지 인터뷰를 요청하는 등 어느새 나는 뉴스메이커가 되어 있었다.

내가 한국 종교인으로는 처음으로, 또 세계 종교지도자로는 교황 요한 바오로 2세에 이어 두 번째로 피델 카스트로 쿠바 국가평의회 의장

카스트로 의장에게 성경 전달

을 만난 것도 침례교 총회장이었기에 가능한 일이었다. 카스트로는 미국 대통령의 마음을 움직여 식량과 의약품에 대한 미국의 경제제재만이라도 어떻게든 풀고 싶어서 나를 만났던 것이다.

국내의 침례교도는 백만여 명에 불과하지만 미국엔 전체 개신교도의 3분의 1인 5천만여 명이나 되며 더 나아가 전 세계의 침례교도는 111개국에 1억 6천만 명 정도이다. 이렇게 큰 교세를 지닌 침례교의 으뜸이 된다는 것은 그만큼 큰 힘을 뜻하는 것이었다.

이제 내가 살아온 이야기를 풀어내면서 꼭 독자들에게 전하고 싶은 것이 있다면 그것은 일에서의 성공보다 가족과의 사랑이 더 중요하다는 점이다.

1973년 빌리 그레이엄 목사가 서울 전도대회 때, 대회 통역을 맡은 내가 공항에서 그레이엄 목사 부부를 영접하는 자리에서 그레이엄 부인 룻은 나에게 이런 질문을 던졌다.

"자녀가 몇입니까?"

셋이라는 나의 대답에 그녀는 아이들의 이름을 물었고 나는 별 뜻 없이 가르쳐 주었다.

얼마 후, 룻은 내 아이들을 만나자 일일이 이름을 부르면서 인사를 건네는 것이 아닌가? 아이들과 이야기를 나눈 룻은 나에게 이렇게 당부했다.

"되도록 많은 시간을 아이들과 보내세요. 아이들은 금방 자라서 부모 곁을 떠난답니다."

나는 1958년 8월 밥 존스 대학교 후배인 트루디와 결혼하고 1959년 12월에 한국으로 돌아오면서 결심한 것이 하나 있다. 그것은 바로 가정이 잘못되면 어떤 성공도 부질없으니 가정을 최우선으로 삼아 자녀교육을 철저히 하겠다는 다짐이었다. 그래서 나는 귀국하자마자 선교활동으로 몹시 바빴지만 어떻게든 자녀들과 시간을 보내고자 애썼다. 많은 시간을 함께 할 수는 없었기 때문에 짧더라도 아이들에게 집중하여 그 순간을 기억할 수 있도록 했다. 이렇게 자녀교육을 가장 중요하게 생각했던 나는 그레이엄 부인의 얘기를 듣고 더욱 자녀들에게 많이 신경 써야겠다는 생각을 했다.

임기 5년의 침례교세계연맹 총회장이 된 뒤, 나는 기자를 비롯한 많은 사람들에게 자주 이 질문을 받는다.

"가장 감격스럽고 자랑스러운 때는 언제입니까?"

그때마다 나는 이렇게 답한다.

"제 아이들은 혼혈아입니다. 이 아이들이 올바르게 자란 것이 가장 자랑스럽고 감격스럽습니다."

어린 시절, 놀림을 받으면서도 꿋꿋이 자란 두 아들이 이제 목사가 되어 자기 몫을 하게 된 것은 모두 아내 트루디의 극진한 보살핌이 있었던 덕분이다.

이 자리를 빌어 나는 내 곁을 지켜준 나의 아내, 나의 아이들에게 깊은 감사의 마음을 전하고 싶다. 더불어 내 인생에서 가장 감격스럽고 감사한 순간은 우리 가족과 함께 할 때임을 고백한다.

제1부

하나님이 주신 인연으로 만난 사람들

사람들은 나에게 전직 대통령들이 청와대에 들어가기 전이나 대통령으로 재직할 때 그리고 퇴임 후 여론이 나빠져 호된 질책을 받거나 급기야 교도소에 갔을 때조차도 그들과 변함없이 친하게 지내는 이유가 뭐냐고 묻곤 한다
그때마다 난 늘 이렇게 답한다
"나는 전도의 사명을 받았기 때문에 그 사명을 실천하기 위해서죠.
목사로서 위로가 필요한 곳에 위로를 하는 것도 내 사명입니다."

'여당 목사'라는 꼬리표

내겐 '여당 목사' '정치 목사'라는 꼬리표가 늘 따라 다닌다. 하지만 나는 남들이 붙여 준 그런 수식어엔 그다지 신경쓰지 않는다. 여당이든 야당이든, 정치인이든 경제인이든 그들은 그저 나에게 있어 전도 대상일 뿐이다.

미국 유학을 마치고 돌아온 1959년 12월부터 수원에서 목회를 하면서 1970년대까지 청소년 선교활동에 열심이었다. 그러던 중 1971년 3선 개헌 때 목사들이 3선 개헌을 지지하는 사람과 반대하는 사람으로 나뉘어 일간지에 성명을 발표했는데 개헌을 지지하는 쪽 명단에 김장환이라는 한글 이름이 들어 있었다. 그때만 해도 내가 만난 정치인이라면 수원지방 국회의원 이병희 씨 정도였고 수원시장을 비롯한 공무원들과도 의례적인 접촉이 있었을 뿐이다. 그런 내가 개헌 지지자라니, 나도 모를 일이었다. 훗날 성명을 실은 단체로부터 동명이인(同名異人)이라는 해명을 들었지만 아무튼 나는 지금도 그 인물이 누구인지 모르고 있다.

당시 수원기독병원의 내과과장이던 노용희 박사가 돈을 대고 일간지에 '그 김장환은 이 김장환이 아니다'는 식의 돌출광고를 냈지만 그 '낙인'은 여전히 유효하다는 사실을 실감해야 했다. 어느 개신교 신문에서 3선 개헌을 찬성한 인물로 나를 꼽았던 것이다.

민주화 운동의 열기가 한창 뜨겁던 때 그런 식으로 부정적으로 비쳤으니 아예 지금 한마디 하고 넘어가는 것도 괜찮겠다. 다른 사람들 눈에는 내가 정치하는 목사로 비쳤을지 모른다. 그러나 나의 본심은 정치인들에게 하나님을 두려워하며 정치하라는 메시지를 전하고자 하는 것이었다.

예컨대 카터 대통령이 한국을 찾았을 때 나는 박정희 대통령에게 "카터가 복음을 전할 텐데 긍정적으로 받아 주십시오"라고 부탁했다.

이렇게 독재하는 사람에게 성경의 진리를 전하는 일도 또 다른 차원의 민주화 노력이라고 판단했던 것이다.

내게 여당 목사, 정치 목사라는 꼬리표가 붙게 된 것은 한국에 극동방송을 세우기 위해 여러 기관과 접촉하고 많은 정치인들을 만난 것도 한 가지 원인이 되었다. 내가 전혀 생각하지도 않았던 방송사의 사장이 된 것은 1970년 5월 미국 밥 존스 대학교 동창인 월킨슨을 대통령 조찬기도회장에서 만난 것이 계기가 되었다. 당시 나는 조찬기도회에 초빙된 외국인 강사의 통역을 맡았는데 그 자리에 월킨슨이 참석한 것이다.

월킨슨은 당시 미국 극동방송(FEBC) 일본 지사장이었다. 중국, 러시아, 북한 등 북방선교가 목적이었던 일본의 극동방송은 미국의 오키나와 반환을 앞두고 다른 곳으로 송신소를 옮겨야 할 처지였다.

이에 FEBC 측은 상하이에서 가까운 제주도를 찍었지만 한국으로 방송국을 이전하는 것은 생각처럼 쉬운 일이 아니었다. 역시 허가가 가장 큰 장벽이었다. 윌킨슨은 이런 문제를 해결하기 위해 한국에 들어와 있다가 조찬기도회에 참석하게 된 것이다. 기도회가 끝난 뒤 윌킨슨은 나에게 말했다.

"빌리, 한국으로 송신소를 옮겨야 하는데 제발 나 좀 도와줘."

친구의 부탁이기도 했지만 선교를 위한 일이었으므로 나는 적극적으로 나섰다. 하지만 당시 언론계 실무자 사이에서는 이런 얘기가 나돌고 있었다.

"남자를 여자로 바꿀 수는 있어도 방송국 설립 허가는 불가능하다."

그만큼 어렵다는 뜻이었다. 하지만 나는 할 수 있는 모든 일을 했다.

이때 송신소를 옮겨 오는데 결정적인 도움을 준 분은 당시 공화당 의장 윤치영 박사였다. 윤 박사는 독실한 크리스천으로 장로였다. 나는 그분이 기독교 모임에서 강연을 할 때와 외국 국제회의 때 여러 번 통역을 맡았다.

윤 의장도 외국 유학을 해서 영어를 잘 하는 분이었는데도, 나의 통역 실력을 인정하고 종종 불렀다. 내가 오키나와 송신소를 제주도로 옮겨야 한다는 얘기를 하자 윤치영 박사는 이런 말과 함께 결정적인 도움을 주었다.

"공산주의 문제를 해결하는 데는 선교방송이 군대 1개 사단보다 낫지요."

당시 송신소 부지로 잡은 땅 3만 평엔 지주가 무려 40여 명이나 되어 내 실력으로 땅을 사는 것은 불가능한 일이었다. 이때 윤치영 박사가 내무장관을 소개해 주었고, 그 후 제주지사와 북제주 군수를 소개받아 땅 사는 일을 추진했다. 지주들을 다 불러서 취지를 설명하고 땅을 팔라고 권유하여 마침내 모든 땅을 살 수 있었다. 이렇게 윤치영 의장과 친하게 지내자 그때부터 사람들은 나를 여당목사라고 부르기 시작했다.

하지만 윤치영 의장은 정말 괜찮은 여당 정치인이었다.

1974년 기시 노부스케 당시 일본 총리의 초청으로 한국의 정치인들이 도쿄에 갔다. 그때 나는 윤치영 의장과 같은 호텔에 묵었다. 여야 지도급 인사들도 많이 갔는데 그 거물급들에게는 주니어 스위트룸이 배정됐다.

그러자 윤치영 의장은 '이런 큰 방 필요 없으니 작은 방으로 바꾸어 달라' 고 요청해서 일반실로 바꾸었다. 하지만 다른 야당 지도자들은 모두 그대로 스위트룸에 묵었다. 나는 '누가 숙박비를 내도 낼 텐데, 정치인들이 하루에 몇 백 불이나 하는 방에서 잠을 자다니, 국내에서만 야당이구나' 하는 생각이 들었다. 그리고 윤치영 의장의 모습을 보면서 '여당에 저런 분만 있다면 여당 목사라는 말도 그리 나쁘지 않다' 는 생각을 했다.

청문회감 혜택으로 세운 아세아 방송

1970년대 초 제주에 아세아 방송을 세우면서 (현, 제주극동방송) 받은 혜택은 요즘이라면 틀림없이 청문회감이다.

부지 구입을 위해 답사를 할 때는 당시 공군 참모총장이던 옥만호 장군이 많은 도움을 줬다. 옥만호 장군과는 그가 1962년 수원 10전투비행단장에 있을 때부터 알고 지내는 사이였다. 하늘에서 대지를 내려다보며 방송국이 들어서기에 가장 적합한 위치를 찾기 위해 비행기가 필요했는데 그는 선뜻 8인승 전용 항공기를 내주었다. 지금도 잊을 수 없는 배려를 해준 옥 장군은 훗날 이렇게 말했다.

"개인의 일이 아니라 미국 자본을 끌어 들여 우리나라에 방송국을 세우는 국가적인 사업이었기 때문에 적극 협조해야겠다고 결정했지요."

방송국을 짓기 위해 동분서주하는 내게 윤치영 의장이 소개해 준 새문안교회 김익준 장로도 잊을 수 없다. 7대 국회의원을 지낸 김장로는 매우 저돌적인 사람이었다. 방송국 설립과 관계하여 여러가지 허가를 받아야 할 때면 그는 어디든지 나와 동행했다. 꼭 허가를 받아내야 할 곳이 있으면 그는 관할부서로 들어가 비서를 제치고 책임자의 방문부터 벌컥 열어 젖혔다.

"여기 도장 하나 찍어주시오."

비서는 사색이 되어 서 있고, 방안에 있던 책임자도 놀라며 일어섰다. 일단 만나면 김 의원과 나는 중국과 러시아, 북한을 전파하려면 방송이 필요하다고 설명하여 허가를 받아냈다. 그때 만약 절차대로 사전 연락을 하고 그곳에서 답이 올 때까지 기다렸다면 방송사 허가는 절대로 받을 수 없었을 것이란 생각이 든다.

이런 우여곡절 끝에 방송국 설립허가가 나고 제주도에 건물을 올렸다. 미국 본사의 명칭인 Far East Broadcasting Company(FEBC)를 본떠 제주극동방송이라는 이름을 짓고 싶었으나 이미 미국 팀미션(선교회)이 1956년에 세운 극동방송이 방송을 하고 있어 아세아 방송이라는 이름을 택했다.

하지만 건물이 올라갔다고 해서 당장 방송을 할 수 있는 것은 아니었다. 건물까지 세웠지만 관세부담이 커 1972년 8월 부산항으로 장비를 들여오고도 계속 묵히고 있었으니 우리는 다시 발을 동동 굴러야 했다. 그 와중에 체신부에서는 1973년 4월 30일까지 모든 시설을 완료하고 시험방송을 하라고 요구했다. 관세도 관세지만 하루에 몇 십만원씩 늘어가는 창고비가 더 문제였다. 그때 마침 미국의 트루먼 대통령이 서거하여 김종필 총리가 조문사절로 가게 되었다. 놓칠 수 없는 기회였다. 나는 도쿄로 가서 미국 FEBC 본사 로버트 보우먼 총재에게 전화를 걸었다.

"한국의 국무총리가 미국에 가니 동원할 수 있는 워싱턴 정치인들을 통해 면세를 부탁해 주세요."

내가 도쿄까지 가서 선화를 한 것은 혹시 한국에서 전화를 했다가 비밀이 새어 나가면 안 된다는 생각에서였다. 보우먼 총재는 미국에 온 김 총리를 주빈으로 가든파티를 열며 방송사를 세울 수 있도록 해 달라고 당부했다. 그 자리에서 김종필 총리는 도와주겠다는 약속을 했고 돌아와서 재무부장관에게 방송사 일을 알아보라고 지시했다.

모두들 호의를 갖고 도와주려고 했으나 장비를 면세로 통과시킬 수 있는 법적 근거가 없었다. 다급해진 나는 미국 대사와 AID 처장에게 부탁했지만 역시 법조문이 걸림돌이 되어서 꼼짝할 수가 없었다.

나의 친구이자 동지들
내가 하나님의 사역을 다할 수 있도록 도와주는 많은 고마운 지인들이 있다. 그 가운데도 지미 카터 미국 대통령과 김익준 의원, 김연준 한양대 이사장은 반한 기류를 잠재우는데 빼놓아선 안될 수훈자들이다.
(사진 왼쪽부터 카터, 김익준, 김연준, 김장환)

25

그래서 궁리 끝에 찾아간 곳이 통일원이었다. 대공(對共)방송을 위한 방송장비이니 우리가 통일원에 그 장비를 기증하고, 다시 통일원에서 우리가 장비를 대여받는 형식의 편법을 썼다. 나는 20년 동안 장비를 대여받기로 하고 도장을 찍었다.

그 후 감사 때마다 이 문제가 자꾸 불거져 나왔다. 서류상에는 통일원에 방송사가 하나 있는 것으로 되어 있는데 실제로는 방송도 안하고 지출되는 예산도 없었기 때문이다. 훗날 통일원에서는 다시 아세아 방송에서 그 장비를 인수할 것을 제의했고, 마침내 서류를 완비해 우리 명의로 되돌릴 수 있었다.

나는 애초에 친구 윌킨슨이 방송국을 설립할 때까지만 도울 작정이었다. 방송국 허가를 받고 부지를 선정하면 내 일이 끝날 거라고 생각했다. 그러나 방송국 설립을 위해 동분서주하던 윌킨슨이 1971년 8월 26일 과로로 쓰러져 그만 세상을 떠나고 말았다. 복음 전파에 정열을 쏟던 윌킨슨이 겨우 서른 중반의 나이에 타계하자 나는 큰 충격과 함께 깊은 감동을 받았다.

아세아 방송의 서울 사무소는 무교동에서 시작했으나 곧 한양대 김연준 이사장이 태평로에 있는 대한일보 빌딩 3층을 내주어 그곳에 자리 잡았다. 점점 방송사를 도와주는 손길도 많아지고 아는 사람도 늘어갔다. 아세아 방송은 이렇게 많은 사람의 도움으로 드디어 1973년 6월 30일에 개국을 결정했다. 그때 미국 본사에서 연락이 왔다.

아세아 방송

"빌리 김이 아니었다면 방송국 설립이 불가능했을 겁니다. 아세아방송의 사장으로 일해주십시오."

나는 망설였지만 대안이 없었다.

그러던 어느 날, 중앙정보부에서 방송국 사무소로 찾아와 방송국 인허가 서류를 보자고 했다. 우리는 있는 서류를 다 내주고 조사를 받았다. 절차상 문제는 없었기에 당연히 '별 거 아니다' 라는 결론이 나왔다. 후에 들으니 이후락 정보부장이 제주도에 갔다가 느닷없이 안테나가 세워져 있어서 놀랐다고 한다. 정보부장도 모르게 미국 사람들이 방송국을 세웠으니 뭔가 대단한 배경이 있다고 생각했던 모양이다. 나는 항상 일을 할 때 돈이 없어서 밥도 얻어 먹어가며 일을 했다. 때문에 뇌물을 줄래야 줄 수도 없었고, 또 뇌물을 줄 생각은 추호도 없었다.

그러니 중앙정보부에서 생각한 대단한 배경 따윈 있을 리 없었다.

나는 방송국 인허가를 비롯한 여러 가지 일로 남들에게 부탁을 많이 했지만 그만큼 나에게 부탁을 하는 사람들도 많았다. 목사의 입장에서 누가 부탁을 하면 들어줄 수 있는 것은 들어주어야 한다고 생각한다.

하지만 거절해야 할 것은 단호히 거절해야 한다.

당시 이후락 정보부장과 가까운 인사가 기독교에서 이단으로 규정한 사람을 빌리 그레이엄 목사와 함께 사진 찍게 해 달라고 당부했다.

내가 거절하자 다른 길을 찾는다는 사실을 알고 나는 빌리 그레이엄 전도협회에 전화를 했다.

"만약 그 사람과 사진을 찍는다면 당신들의 한국 전도대회는 아주 이상하게 평가될 것입니다."

한번 아닌 것은 분명 아닌 것이다. 아무리 어려운 부탁이라도 그르다고 생각되면 하지 말아야 하는 것이 목사로서의 바른 길이라 생각한다.

한 손에는 복음 전파, 한 손에는 한국 홍보

1974년에 한국에서 유신을 반대하다 추방당한 감리교 선교사 조지 오글 목사는 민주당 시절 유엔 주재 한국대사로 활약하다 반정부 인사로 돌아선 뉴욕시립대 임창영 교수와 더불어 그해 말 미국 CBS TV를 통해 30분간 한국의 실정을 폭로하겠다고 나섰다. 이때 미국에서는 반한 감정이 한창 고조되던 때라 CBS로서는 놓치기 아까운 기사였다.

그래도 CBS 측에서는 일방의 주장만 들을 수는 없다며 주미 한국대사관에 반대쪽 인사를 천거해 달라는 부탁을 해왔다.

당시 주미 한국대사는 1983년 비서실장으로 전두환 대통령의 미얀마 방문을 수행했다가 아웅산 테러로 목숨을 잃은 함병춘 대사였다. 함 대사는 목사의 아들로, 나는 독실한 크리스천인 그와 국내에 있을 때부터 잘 아는 사이어서 미국에 가면 자주 만났다. 함 대사가 한국에 있을 때는 YFC에 와서 강연을 하기도 했다. 나를 만났을 때 함병춘 대사는 반한 감정이 담긴 내용의 편지를 보여 주었는데 무려 천여 통이나 되었다. 그때 함 대사는 나에게 이렇게 당부하곤 했다.

"미국 내 반한운동 기류가 점점 고조되고 있습니다. 대사로서 저는 활동영역에 제한이 있습니다. 목사님은 복음을 전하는 목회자로서, 또 복음방송의 경영자로서 활동에 통제를 안 받으니 좀 도와주십시오. 정권 차원을 넘어서는 국가 차원에서 도움을 주시면 고맙겠습니다."

그 말에 나는 힘껏 돕겠다고 답변했다.

당시 월남전 패전 직전인데다 김일성이 중국을 방문해 "지금이 바로 통일의 적기"라는 호전적인 발언을 하며 중국의 협조를 구하고 있을 때였다. 또 미국에서는 인권문제와 종교탄압 등을 이유로 몇몇 반한파의원들의 주도 아래 '대한 군원삭감안' 이 미국 의회에 상정되는가 하면 주한미군 철수가 공공연하게 거론되고 있는 상황이었다.

이렇게 미국에서는 한국 정부가 미국이 원조하는 막대한 금액의 돈으로 국민을 억압하는 정치를 하고 있다는 비평이 일고 있었다. 이에 우리 정부는 미국의 발언에 대해 '내정간섭' 이라고 몰아 붙여 양국 관계가 점차 악화일로를 걷고 있었다.

실제로 1974년 미국 전역을 돌며 한달 가까이 부흥집회를 인도하는 동안, 미국 사회에 반한 기류가 심각하다는 것을 느낄 수 있었던 나는 귀국해서 아세아 방송을 통해 "미국 내 반한 여론이 의외로 높아 사태가 심각하다"고 얘기했다.

마침 이 방송을 벽산그룹 김인득 회장이 들었다. 김 회장은 내 방송을 듣고 '집채만한 공포' 를 느껴 그날 밤 한숨도 자지 못했다고 한다.

일제에 의한 태평양전쟁과 한국전쟁을 겪은 김인득 회장은 위기의식을 느끼고 함병춘 주미 대사에게 전화를 걸었다.

"반한 여론이 심상치 않은 것 같은데 국내 저명 인사 몇 분과 미국에 가서 반한 여론을 가라 앉히는 순회강연을 하면 효과가 있을까요?"

그러자 함병춘 주미 대사는 기쁘게 대답했다.

"회장님의 나라 사랑하는 마음에 경의를 표합니다. 기왕에 그런 목적으로 미국에 오시려면 빌리 김을 꼭 모시고 오십시오. 그분이라면 반드시 효과를 볼 것입니다."

그때까지 김인득 회장과 나는 서로 안면만 있을 뿐 절친한 사이는 아니었다. 함병춘 대사는 왜 빌리 김과 함께 와야 하는지 김인득 회장에게 설명했다. 김 회장으로는 달리 고민할 필요가 없었다.

김인득 회장은 나에게 전화를 걸어 함병춘 대사와의 통화 내용을 말하면서 함께 미국에 가자고 말했다. 내가 싱가포르 집회 기간과 겹쳐서 갈 수 없다고 말했더니 김인득 회장은 약간 화난 목소리로 말했다.

"김목사님이 방송에서 말씀하셨다시피 지금은 국가적 위기입니다. 싱가포르 부흥집회도 중요하지만 지금은 그보다 나라가 더 중요하지 않습니까?"

문제 제기를 한 건 나인데 그 문제를 해결하러 가는 일에는 동참하지 않는 것은 잘못되었다는 생각이 들어 나는 김인득 회장에게 그렇게 하겠다고 답했다.

1975년 1월 하순, 김인득 회장, 김익준 전 유정회 의원 등과 함께 워싱턴으로 향했다. 무엇보다도 미국에서 활동하려면 확실한 신분이 필요했다. 나는 FEBC(극동방송) 미국 본사에 우리가 제32회 종교방송인연차대회(NRB)에 정식 대의원 자격으로 미국에 갈 수 있도록 해달라고 부탁했다. 우리의 미국 활동을 위해 FEBC 미국 본사에서는 많은 도움을 주었다. 본사에서는 중국 선교를 위해 한국의 아세아 방송을 대단히 중요하게 여기고 있었다. 종교방송인 대회에서 주최한 워싱턴 조찬기도회에서 종교방송인 연차대회장이자 극동방송 본사 부사장인 버터멘 박사와 총무담당 암스트롱 박사는 모임에 참석한 모든 종교인들에게 우리를 특별히 소개했고 우리가 한국의 실상을 알릴 수 있는 기회들을 마련해 주었다. 한국의 종교와 사회 상황은 내가, 경제 상황은 김인득 회장이, 정치 상황은 김익준 의원이 맡아 연설했다.

목사인데다 방송사 사장인 만큼, 그만큼의 내 일을 수행하면서 동시에 나라 일에도 관심을 기울여야 했다. 두 번째 조찬모임에서 함병춘 주미 대사는 초대된 스물 다섯 명의 주요인사들에게 한국의 정치와 경제 그리고 종교 등의 현안에 대해 자세한 설명을 했다. 그리고 대회 기간 중에 김영환 주미 공사의 안내로 존 코란 하원의원과 스크롬 더몬드 상원의원, 허먼 텔메이지 상원의원 등을 만났고 그들에게 최대한의 협조를 구했다.

대회는 나흘 동안 계속되었는데 마지막 날 나는 한국에서 40여 년 간 선교사로 활동하다가 안식년을 맞아 미국에서 쉬고 있던 엘미 킬본 선교사와 함께 뉴욕 CBS TV의 존 챈슬러가 진행하는 대담 프로그

나의 동반자 김인득 전 벽산그룹 회장

방송에서 미국 내 반한 기류가 심상치 않다는 내 말에 집채만한 공포를 느끼며 밤잠을 설쳤다는 김인득 회장. 그는 그때부터 늘 나와 함께 여러 차례 미국으로 건너가 반한 감정을 잠재우기 위해 여러모로 애를 써주었다.

램에 출연했다. 상대는 역시 임창영 교수와 오글 목사였다.

CBS는 토론에 들어가기 전에 30초 가량 명동성당 앞에서 경찰이 시위대를 저지하는 장면 등을 내보냈다. 나와 킬본 선교사에겐 확실히 불리한 좌담임에 틀림 없었다.

미국 CBS-TV의 앵커였던 존 캔슬러

임 교수는 "재미 동포의 97퍼센트가 현 대한민국 정부를 반대한다"고 주장했고, 오글 목사는 "한국엔 목사들 대부분이 반정부 인물이라 종교 탄압이 심하다"고 주장했다. 나는 이렇게 맞섰다.

"작년 12월을 전후로 나는 로스앤젤레스와 시카고에서 설교했고 지난 주에는 워싱턴에서 집회를 했지만 설교를 들은 동포 가운데 반정부 동포는 97퍼센트는 커녕 3퍼센트도 없었습니다. 나를 포함한 대부분의 한국 목사들은 순수하게 복음을 전파할 땐 탄압받지 않습니다. 종교의 자유가 없다면 1973년 320만여 명이 모인 빌리 그레이엄 전도대회는 어떻게 열릴 수 있었겠습니까? 나는 한국에 복음 방송사를 세우면서 정부의 주요 인사들과 군장성들로부터 적극적인 지원을 받았습니다. 종교의 자유가 없는 나라라면 이게 어떻게 가능한 일입니까?"

계속된 설전속에서 정치는 어떨지 몰라도 적어도 순수 복음을 전파할 때는 아무런 제약을 받지 않는다는 우리의 주장을 그들이 뒤엎을 수는 없었다.

이렇게 나흘에 걸친 종교방송인 연차대회는 우리가 의도했던 대로 많은 성과를 올리고 막을 내렸다.

다음날 나는 김인득 회장과 함께 포드 대통령이 베푸는 조찬기도회에 참석했고 저녁에는 워싱턴 근교에 있는 미국인 침례교회에 초청받아 한국의 실정을 알렸다. 이튿날은 빌리 그레이엄의 고향인 노스 캐롤라이나 주의 샬로트시에 가서 교포들과 저명 인사들을 초청해 한국의 시간을 가졌다. 이날 참석자들은 이구동성으로 전날의 CBS 출연 성과가 컸다는 말을 하면서 한국에 종교탄압이 없다는 사실을 반가워 했다.

다음날부터 우리는 20여 일 동안 미주 전역을 순회하며 반한 여론을 잠재우는 수십 차례의 강연을 개최했다. 나는 대부분 미국인 교회 집회를 하면서도 우리 정부에 대한 지지를 호소해 복음 전파와 한국 홍보를 동시에 겸했다. 우리는 또한 32차 종교방송인 연차대회의 정식 대의원 자격으로 참석했기 때문에 워싱턴 대회 기간 중이나 지방 순회때 기자들과의 인터뷰와 방송 출연이 자연스럽게 이루어 질 수 있었다.

미국 전역을 돌아다니면서 얼마나 열심히 했던지 환갑의 나이인 김인득 회장이 플로리다 올랜도에서 쓰러져서 모든 일행이 혼비백산했었다. 이러다가 타국에서 잘못될 수도 있겠다는 생각이 들어 식은땀이 났다. 마침 호텔 우리 방을 청소해 주시는 분이 한국인이었다. 우리는 한국인 의사를 소개받을 수 있었고 김인득 회장은 하루 동안 잘 치료받은 뒤 원기를 회복할 수 있었다.

국가 홍보를 위해 두 번째 미국을 방문했을 때인 1975년 8월 17일은 김인득 회장의 회갑일이었다. 나는 한국에서 편하게 회갑상을 받는 대신 미국을 누비며 고생하는 그를 위해 깜짝 파티를 준비했다. 그 지역 한인부인회에 부탁해 케이크와 함께 간단히 회갑상을 차려달라고 했다. 축하객이 300명이나 모이고 70명의 여전도회원들이 생일축가를 불렀다. 김인득 회장은 예상치 못한 자신의 회갑연에서 눈물을 흘리며 기뻐했다.

김인득 회장이 이렇게 열심히 뛰었지만 대사관에 있는 모 인사는 나에게 "외교는 대사관과 외무부가 하는 것이지 장사나 하는 사람이 뭘 하겠다고 왔느냐? 김인득, 박동선같은 사람들은 데려오지 말라"고 말했다. 나는 그에게 "무슨 소리냐, 외교는 사천만 국민이 다 함께 해야 하는 것이다"라고 반박했다.

미국 정치인들을 만나고 다니는 나를 건전하지 못한 시각으로 보는 사람들도 더러 있었다. 하지만 함 대사는 대사로서는 미국 정계에 영향력을 행사하는 데 한계가 있다는 사실을 잘 알고 있었다.

미국에서 의회를 움직이려면 먼저 유권자를 움직여야 하고, 그 유권자를 움직이기 위해서는 유명 목사를 움직여야 한다. 이런 메커니즘은 지금도 여전히 유효하다.

박 대통령에게 '초대' 받다

1차로 미국에 다녀온 뒤, 우리의 활약은 정부에 알려졌고 덕분에 다음 미국 방문 때부터는 문공부와 총리실에서 한국을 소개하는 「Korea」라는 책자와 반공영화 필름, 모형 금관 등을 준비해 주었다.

또 주한미군 철수를 위해 프레이저 의원이 발의한 '프레이저 413'의 법안 통과를 저지할 수 있도록 당시 김영광 조정과장이 각종 반박 자료를 수집해 주었다. 김영광 과장은 나에게 우리들이 박정희 대통령으로부터 전폭적인 지지를 받은 '대통령의 특사' 나 다름없으니 열심히 해 달라고 당부했다.

내가 미국에 다녀온 뒤 신직수 중앙정보부장은 "수고 많았다"는 전화를 줬고, 김종필 국무총리는 나를 직접 불러 "각하께서 매우 고맙게 생각하신다"고 말했다. 나는 대통령을 직접 만나야겠다는 마음에서 "대통령을 개인적으로 뵌 일이 한 번도 없습니다"라고 했다. 그러자 며칠 후 신직수 중앙정보부장이 "각하께서 오찬을 함께 하자"고 했다고 일러 주었다. 그때가 1975년 9월이었다.

그런데 지금 돌이켜보면 그때의 난 참 당돌하지 않았나 싶다. 대통령을 만나게 해달라니… 게다가 나는 김익준 장로까지 데리고 갈 마음에 "저 혼자 들어가면 욕먹습니다"라고 덧붙였다. 당시 김 의원은 유정회 국회의원 임기가 끝나고 정치 활동을 쉬고 있었는데 청와대에 갈 때는 박정희 대통령에게 보고할 자료를 준비 했다.

청와대에 가서 자리에 앉자마자 나는 박 대통령의 손을 덥석 잡으며 "제가 기도 한번 올리겠습니다"라고 했다. 그의 손은 매우 따뜻했다.

"총명과 지혜를 주시고, 민족도 사랑하게 하시고 나라가 번성하게 해 주십시오"라는 내용의 기도를 끝내자 박 대통령도 "아멘"이라고 화답했다.

점심으로는 닭튀김이 나왔다. 하지만 박정희 대통령은 식사를 할 생각도 하지 않고 김익준 의원이 작성해 온 보고서를 보기에 바빴다. 그리고 일일이 줄을 그으면서 우리들에게 궁금한 점을 물어 보았다. 우리들은 미국 분위기와 교포들의 반응, 우리나라의 위상 등에 대해 느낀 점을 자세하게 얘기했다. 우리들의 얘기를 자세히 경청하는 그의 모습을 통해 상당히 세심하고 나라 사랑하는 마음도 깊다는 것을 느낄 수 있었다.

박 대통령은 보고서를 다 훑어보고 난 뒤 나에게 이렇게 말했다.

"나는 목사님과 선생님께는 반드시 '님' 자를 붙입니다. 그런데 목사님들은 왜 날 반대하는지 모르겠어요. 나는 이 자리를 하루에도 열두 번씩 그만두고 싶다는 생각이 듭니다. 그러나 북한과 대치하고 있는 지금 국가를 위해 최선을 다하는 것이 옳은 일이라고 생각합니다."

박 정희 대통령과의 만남

그리고 이런저런 얘기 끝에 "우리 김 장로에게 순회대사 자리라도 하나 주시죠. 그러면 활동하기 편할 겁니다"라고 하자 대통령은 "생각이 있으니까 조금 기다려 보시오"라고 대답했다. 몇 달 후 YFC 대회에 참석하기 위해 홍콩으로 가기 직전, 청와대로부터 김 장로를 유정회 의원 후보에 올리겠다는 이야기를 전해 들었다. 그리고 김 장로는 1976년에 제9대 유정회 의원에 당선되었다.

청와대 방문 후 나는 성직자의 입장에서 나름대로 한국의 이미지를 개선하는 노력을 계속 펼쳤다. 김인득 벽산그룹 회장, 김연준 한양대 이사장, 김익준 의원, 유상근 명지대 이사장, 신도성 통일원 장관들이 번갈아가면서 미국을 드나들었다. 나는 미국 실정에 밝은데다 미국 내 실력자를 만날 때 다리를 놓아야 하는 일이 많아 그때마다 동행 했다.

또 우리가 미국에 가서 강연회를 하는 것도 중요하지만 미국의 영향력 있는 인물을 초청하는 것도 좋은 방법이 될 것 같아 정부 인사들에게 미국 기독교계의 거물급 인사들을 불러들여 한국의 실상을 먼저 보여주라고 조언했다. 그 결과 골든 칸 웨이 신학교의 설립자인 해럴드 아컨케일 등이 초청됐다. 나는 미국에서 자주 만났던 지미 카터 조지아주 지사도 제안했으나 모 의원의 "땅콩 장사가 무슨 힘이 있다고 그래" 하는 한마디에 지미 카터는 고려 대상에 오르지도 못했다.

그 당시 카터가 대통령에 오를 줄은 꿈에도 몰랐다고 쳐도 그런 사고방식은 너무 위험함에 틀림없다. 훗날 카터가 대통령에 당선됐다는 소식에 땅을 쳤던 정치인들이 참으로 많았으리라.

카터가 대통령에 당선된 후 미국 조지아주 알렌타 침례교회의 빌 셀프 목사도 초청되었다. 카터와 절친한 그는 박 대통령을 만난 자리에서 이렇게 인사를 건넸다.

"한국에 와서 가로수를 보니 받침대를 설치한 것이 많았습니다. 한국의 민주주의는 나무 심어놓고 받침대를 한 것과 같은 형국입니다.

나무가 뿌리를 내려야 받침대를 뗄 수 있듯이 한국식 민주주의도 빨리 뿌리 내리기를 바랍니다."

그러자 박 대통령도 부드럽게 받았다.

"정확히 봤습니다. 지금 우리는 그런 방향으로 가고 있습니다. 그러니 카터 대통령이 더 이상 주한 미군 철수 이야기를 하지 않도록 애써 주십시오."

나는 그 얘기를 셀프 목사로부터 전해듣고 박 대통령이 매우 치밀하고 나라를 사랑하는 분이라는 인식을 또 한 번 받았다.

언젠가 정태성 성창합판 회장과 함께 호주에 간 일이 있다. 정 회장은 독실한 기독교인으로 당시 나이가 60대 후반이었다. 호주 세계 실업인 대회에 가면서 수출 길을 뚫기 위해 통역으로 나를 데리고 갔다. 호주에서 나의 인맥으로 좋은 결과가 있기를 바랐던 것이다.

호주에 도착해 대사관을 찾아가 만나자는 요청을 했으나 대사에게서 돌아온 대답은 "바빠서 만날 시간이 없다"였다. 대신 공사라도 만나려고 했으나 역시 시간이 없다는 대답 뿐이었다. 겨우 영사를 만나 "수출을 하려고 하니 도와달라"고 당부했다. 본국의 실업인이 수출을 하기 위해 도움을 요청하면 대사관이 당연히 나서야 하건만 별 반응이 없었다.

저녁에 식사를 하기 위해 정 회장과 호텔 중식당에 갔다. 그런데 거기에는 시간 없다던 그 호주 대사가 서울시 부시장을 지낸 차일석 장로 및 또 다른 사람과 함께 식사를 하고 있었다. 차일석 씨와는 아는 사이여서 인사를 나누고 내 자리로 돌아와서 밥을 먹는데 그만 울분이 터졌다. 그때만 해도 한창 젊을 때였다. 젊어서 그랬는지 모르지만 나는 대사의 행태에 분노를 느꼈다. 그래서 한국으로 돌아와서 박 대통령에게 편지를 넣었는데, 그게 '화근'이 되었는지 어쨌는지 모르겠지만 얼마 있다가 대사는 소환되었다.

이런 이야기를 들려주면 많은 사람들은 떨려서 어떻게 그러느냐고 의아해 한다. 하지만 나도 국가원수들을 만나면 떨린다. 그래서 늘 만남에 앞서 마음을 정리하는 과정을 거친다. '저들도 나와 똑같은 인간이다. 저들에게 뭘 원하지 않는 한 움츠러들게 하나도 없다'는 식으로 호흡을 가다듬는 것이다.

한국에 온 카터 대통령

1976년 11월 제39대 미국 대통령에 지미 카터 조지아주 지사가 당선되었다. 지미 카터 전 미국 대통령과는 조지아주 지사 시절부터 인연을 맺었다. 1973년 빌리 그레이엄 전도대회가 끝난 지 얼마 지나지 않아 조지아주 알렌타 침례교회에서 집회를 했는데 그 교회에는 미국의 에너지장관이 다니고 있었다. 그는 나에게 주지사가 대통령에 출마 하려고 하니 가서 기도해 주는게 어떻겠느냐고 했다.

김익준 의원과 함께 주지사 사무실에 찾아갔을 때 지미 카터는 우리를 매우 반갑게 맞아주었다. 내가 주지사를 위해 기도해 주고 난 후 김익준 의원이 농담 반 진담 반으로 "당신 이번에 출마하면 꼭 대통령이 될거다" 라고 얘기하자 굉장히 좋아했다. 카터는 그날 우리들에게 명예시민증보다 한 단계 높은 증명서를 만들어줬다. 우리는 한국에 돌아와서도 선거할 때 좋은 결과가 있기를 바란다는 편지를 보냈고 종종 전화도 했었다.

카터 대통령은 당선된 후 취임식에 김익준 의원과 나를 초청했다.
주지사로 재임하던 1973년에 자신을 찾아 '주지사 일을 잘 수행해 훗날 대통령에 당선되라' 고 격려해 준 우리를 잊지 않았던 것이다.

온갖 우여곡절 끝에 프레이저 하원의원이 의회에 상정한 안건이 부결될 무렵 다시 주한 미군 철수를 공약으로 내건 지미 카터가 대통령에 당선되자 우리 정부는 크게 긴장했다. 하지만 카터로서도 무작정 주한 미군을 철수할 수 있는 입장은 아니었다. 취임 후 당초 계획을 크게 수정하지 않을 수 없었으나 한국이 국방비 지출을 늘려야 한다는 원칙은 여전히 고수하고 있었다.

카터 대통령은 1979년 6월에 한국을 방문하기로 했다. 그의 방한을 두 달 앞두고 나는 김연준 한양대 이사장과 함께 백악관에 가서 카터 대통령과 30분 가량 이야기를 나눴다. 한국 상황과 한국인의 관심사

지미 카터 전 미국 대통령과 함께
지미 카터와는 그가 조지아주 지사일 때부터 알고 지내던 사이였다. 나는 그에게 꼭 대통령이 될 거라며 기도를 해준 적이 있었는데 그 뒤 카터는 정말 대통령이 되었다. 그는 내가 미국 내 반한 기류의 제거를 위해 애쓸 때 많은 도움을 준 좋은 친구로 지금도 변함없는 우정을 나누고 있다.

항을 말하고 미군이 한국을 떠나면 안 된다는 얘기를 한 뒤 그를 위해 기도해 주었다.

이어서 우리는 조지아주에 있는 땅콩 밭으로 찾아가서 카터 대통령의 어머니 릴리안 카터 여사에게 한양대학교에서 주는 명예박사 학위를 수여했다. 이러한 일들도 주한미군 철수를 막아보겠다는 일념에서 계획한 것이었다. 사실 나는 국가에 보탬이 될 만한 미국 인사가 있으면 김연준 이사장에게 부탁해서 한양대학교 명예박사 학위를 준 일이 여러 번 있다.

마침내 카터 대통령은 우리 정부의 초청으로 한국을 찾아 두 차례 정상회담을 가졌다. 1차 정상회담이 열린 날 저녁 청와대에서는 리셉션이 열렸다. 그 자리에 국내 유명 인사 3백여 명이 참석하여 차례로 줄을 서서 정상들과 악수를 나누었다. 카터 대통령 부인 로절린 여사는 우리 부부에게는 악수 대신 포옹을 해줘 눈길을 끌었다. 악수를 할 때 박정희 대통령은 아내 트루디를 유심히 쳐다 보았다. 나는 의아했지만 그땐 그냥 넘어갔다. 훗날 나는 박 대통령에게 "왜 리셉션 때 내 아내를 유심히 쳐다봤느냐"고 묻자 박 대통령은 "김 목사가 미국 여자와 산다는 얘기를 들어서 어떤 분인가 해서 봤다"고 대답해 함께 웃었었다.

다음날 아침 카터 대통령이 주일 예배를 드리기 전에 한국의 종교 지도자들을 만나고 싶다는 요청을 해 김수환 추기경과 한경직 목사를 비롯한 개신교 교단 대표들이 미국 대사관저로 모였다. 그때 카터 대통령은 참석자들에게 나를 "마이 프랜드 빌리 김"이라고 소개 했다.

참석자들이 돌아가면서 한마디씩 할 기회가 주어졌을 때 나는 한국을 방문해 준 것과 주한 미군 주둔에 대한 감사를 표하고 앞으로도 한국에 관심을 가져달라고 말했다.

대사관저 모임이 끝나고 돌아가려 할 때 카터 대통령은 나를 따로 불러 "예배를 함께 드리러 가자"고 제의했다. 나는 "의전에 어긋나는 일이 아니라면 가겠다"고 대답했다. 모임이 끝난 후 나는 카터 대통령 내외와 딸 에이미 양과 함께 리무진을 타고 여의도침례교회로 향했다.

나는 차 안에서 "박정희 대통령은 애국자이며 존경받을 만한 인물"이라고 말했다. 당시 인권탄압 때문에 주한미군 감축 문제가 지속적으로 거론되고 있었기 때문에 어떻게든 국가원수를 좋게 부각시켜야겠다는 생각이 들었던 것이다.

내 얘기를 듣던 카터 대통령은 "일본 방문 때 후쿠다 수상도 박정희 대통령을 애국자라고 하더라"고 말했다. 나는 카터 대통령에게 이런 당부를 했다.

"박정희 대통령에게 예수를 전해주세요. 예전에 만나서 기도해 드린 적이 있는데 기독교에 대해 호감을 갖고 있으니 전도하시면 좋은 성과가 날 겁니다."

카터 대통령은 이런 내 얘기를 귀담아들었다. 여의도 광장을 지나칠 때 이곳이 예전에 빌리 그레이엄 전도대회 때 320만 명이 모였던 곳이라는 설명을 했더니 흥미롭게 바라봤다.

박 대통령에게 전도해 달라는 그때의 내 이야기가 재미있었던지 그해 8월 6일자 《디트로이트 프리 프레스》지는 이 내용을 상세하게 다루었다.

박 대통령 전도하기

여의도침례교회에서 예배를 드리고 있는데 차지철 경호실장으로부터 긴급 전화가 왔다. 예배가 끝나면 곧장 청와대로 들어오라는 전갈이었다. 그래서 카터 대통령은 국회로, 나는 청와대로 향했다.

청와대에 도착하자 차지철 경호실장이 나에게 "기도는 하지 말고 묵념만 하라"고 말했다. 내가 박 대통령을 처음 만났을 때 손을 잡고 기도한 것이 마음에 걸렸던 모양이다. 박 대통령과 함께 한 자리에서 차 실장은 나에게 카터 대통령과 무슨 얘기를 나누었는지 물었다. 미국 대사관에서 카터 대통령이 종교 지도자들과 만나서 나눈 이야기는 이미 보고가 다 된 상태였다. 하지만 리무진 안에서 무슨 얘기를 했는지가 궁금해 나를 부른 것이다.

"대통령께서 훌륭한 분이라는 얘기를 했습니다. 그랬더니 카터가 후쿠다 일본 총리도 그러더라고 하더군요. 후쿠다에게 감사편지 한번 넣으시는 게 좋겠습니다. 제가 카터 대통령에게 우리 대통령을 전도해 달라고 당부해 놓았으니 카터가 전도를 할 겁니다. 그러면 긍정적으로 받아들여 주시면 고맙겠습니다."

하지만 박 대통령은 내 얘기를 듣더니 "카터는 정말 싫어. 밥맛 떨

金 章 煥 敎師 貴下
聖誕 과 새해하는 맞이 하여
하나님의 은총 과 축복이
가득 하시기 기원합니다.
1974. 12. 27
박정희

1975
김장환 목사 귀하
귀 교회사업을 위하여 조그마한
보탬이 되었으면 하여 드립니다
1975. 9. 18
박정희

진심으로 나라를 사랑했던 박 정희 대통령

그에 대한 이런저런 평가가 많지만 내 눈에 비친 박정희 대통령은 진정한 애국자였다. 난 아직도 그의 손을 잡았을 때의 따뜻한 온기가 잊혀지지 않는다. 밤낮으로 나라 걱정에 지칠 줄을 몰랐던 그를 미처 전도하지 못한 채 하늘로 보낸 것이 못내 안타깝다.

어져!"라고 했다. 1차 정상회담에서 카터가 "주한 미군을 줄이겠다. 군비를 늘려라. 인권탄압을 하지 말라" 등등의 말을 해서 회담이 결렬되었으니 박 대통령의 기분이 좋을 리 만무했다.

"카터 대통령은 진실한 분입니다. 통하는 게 있을 겁니다. 미운 자식 떡 하나 더 준다고 했는데 초청한 국빈이니 끝까지 잘 대해주시고, 종교 얘기가 나오면 긍정적으로 받아들이세요."

내 얘기에 박 대통령은 "김 목사 말이 맞아!"라고 답했다. 동석한 차지철 경호 실장은 입을 꽉 다문 채 바짝 얼어 있었다. 박 대통령 앞에 가면 모두들 그렇게 얼어서 말도 못했던 것 같은데 나는 하룻강아지 범 무서운 줄 모르고 하고 싶은 얘기를 다했던 것이다. '저 사람도 인간이다'는 생각과 함께 사심이 없으면 떨릴 이유가 없다. 오로지 전도해야겠다는 생각을 하면 두려울 게 없었다.

그날 오후 2차 정상회담에서 두 정상은 다행히 서로 이해하고 "한반도에 평화와 안보를 확고히 하기 위해서는 미군의 주둔이 계속 보장되어야 한다"는 공동성명을 냈다.

카터 대통령이 미국으로 돌아간 후 차 실장은 나에게 "박정희 대통령이 답례를 하고 싶어한다"는 말을 전했다. 나는 그 말을 듣고 "각하에게 특별히 부탁드릴 것은 없고 예수님을 믿으시라고 좀 전해주십시오"라고 했다. 2차 정상회담이 좋은 결과를 내는데 내가 어떤 몫을 했는지는 몰라도 국민의 한 사람으로서 나도 기뻤다.

박 대통령의 경호를 책임졌던 차지철 실장은 독실한 크리스천이었다. 그는 유명 목사들을 자기 사무실로 초청해서 정기적으로 예배를 드렸는데 나도 초청 목사 가운데 한 사람이었다. 내가 본 차 실장은 오로지 박 대통령과 하나님밖에 모르는 단순한 사람이었다. 그는 가난한 교회를 도와주라며 나에게 백만 원이 든 봉투를 몇 번 주었다. 그 돈으로 나는 시골 교회 십자가도 달아주고 풍금도 사주었다. 혜택받은 교회에서 보낸 감사편지를 갖다주면 차 실장은 "이런 거 필요없어요. 하나님 앞에 바친 건데"라고 얘기하곤 했다.

한번은 진해에 갔을 때 군종감이 나에게 해군교회를 짓는데 도움을 달라고 요청했다. 얼마 후 성경공부를 하러 가서 차지철 경호실장에게 "해군교회 짓는답니다. 기도 좀 해주십시오" 했더니 그 자리에서 해군 참모총장에게 전화를 걸어 격려를 했다. 그러더니 나에게 금일봉을 건네면서 해군교회 짓는 데 갖다 주라는 것이었다.

차 실장은 자기 스스로는 2인자라는 자부심이 있었는지는 모르겠으나 내가 보기에는 사심이 없고 정치성이 없는 사람이었다. 무슨 부탁을 했을 때 안 될 일이라는 판단이 들면 상대방 기분을 생각하지 않고 단번에 거절하는 스타일이었던 것이다.

1979년 8월, 나는 목회활동 18주년 기념행사를 준비하고 있었다. 그 행사에 미국 기독교계의 지도자인 윈 스미스 목사를 초청하면서 나는 한 가지 부탁을 했다.

"한국에 올 때 카터 대통령 친서를 갖고 오세요. 친서를 전달하면서 우리나라 박 대통령을 전도합시다."

한국을 찾은 스미스 목사는 나와 함께 당시 김재규 중앙정보부장과 정상천 서울시장, 최규하 총리를 만났다. 그리고 함께 청와대로 들어가기로 약속한 날이 되기 이틀 전에 그만 박정희 시해사건이 일어났다. 결국 스미스 목사와 나는 청와대에 가서 박정희 대통령 영정 앞에 분향을 하고 돌아서야 했다. 카터와 성공적인 한미 정상회담을 가진 지 4개월 만이었다.

세계침례교연맹 총회장에 당선된 2000년 1월, 카터 대통령이 나에게 축전을 보냈다. 그 가운데는 "1979년에 박정희 대통령을 전도했는데 어떻게 되었는지 궁금하다. 암살된 후 그의 소식을 듣지 못했다"는 내용이 있었다.

시해사건이 나던 날 새벽, 자고 있을 때 미국 FEBC 본사 로버트 보우먼 사장이 집으로 전화를 해서 박정희 대통령 서거 소식을 알려주었다. 한국에서 공식적으로 발표하기도 전에 이미 미국은 그 소식을 알고 있었던 것이다. 나는 너무도 놀랐고 믿기지 않았다. 급히 서울의 방송사로 가서 비상연락망을 통해 직원들에게 연락했을 때 뉴스에서 막 박 대통령 서거 소식이 터져 나왔다.

그 후 박정희 대통령에 대해 여러 가지 평가가 많지만 내가 본 그는 굉장한 애국자이며, 우리 국민을 잘 살게 하겠다는 신념이 강했던 분이다. 박 대통령을 무섭고 딱딱한 사람으로 기억하는 분들이 많은데 사실 직접 만나보면 굉장히 다정다감하고 세밀한 분이었다.

박 대통령을 쏜 김재규도 몇 번 만난 적이 있다. 시골 영감처럼 털털한 스타일이었지만 자기 주장이 강했다. 수원 우리 집에 와서 식사를 하고 간 적도 있다. 사무실에 가보면 정치경제계 거물급들과 은행장들이 그를 만나기 위해 대기하고 있었다. 그 모습을 보면서 '대단한 파워를 지녔구나' 하는 생각을 했었다.

2001년 8월 지미 카터 전 대통령은 국제 해비타트에서 펼치는 사랑의 집짓기 운동을 위해 한국을 방문했다. 나는 집짓기를 하는 아산으로 내려가서 카터 대통령을 만나 함께 점심을 먹었다. 카터 대통령은 김치며 깍두기, 콩나물 등의 반찬을 먹으며 박정희 대통령에 관해 회고했다.

"빌리, 그때 내가 전도를 했을 때 박 대통령은 굉장히 긍정적으로 받아들였어요. 하지만 믿겠다는 확답은 못 받고 돌아갔지요. 얼마 후 서거했다는 소식을 들었는데 예수를 믿었는지 어쨌는지 참 궁금했어요."

22년 전에 한 전도의 결실을 궁금해하는 카터 대통령에게 나는 "천국에 가봐야 알 수 있지 않을까요?"라고 답했지만 사실 나 역시 궁금한 일이다.

카터 대통령은 나에게 "남아프리카 공화국에서 사랑의 집짓기 운동을 할 때 함께 가자"고 제의했고 나는 시간이 되면 가겠다고 답했다. 남아프리카 공화국에 가서 집회를 한 적이 있는데, 그때는 너무나 바빠 카터 대통령과의 집짓기는 하지 못해 아쉬웠다.

미국에서의 활약

돌이켜보면 반한 운동을 잠재우기 위해 정말 많은 사람이 열심히 뛰었다. 함께 일했던 분들 가운데는 이미 유명을 달리 하신 분도 있고 연로하셔서 누워 계신 분도 있다. 그리고 한창 젊은 나이에는 부지런히 미국을 오갔던 나 또한 벌써 고희를 앞두고 있다.

나중에 알았지만 미국에 가기 전에 나는 은밀히 내사를 받은 일이 있었다고 한다. 10, 11, 14대 국회의원을 지낸 김영광 의원은 수원농림중학교 3년 선배이다. 그러나 내가 수원농림중학교 4학년 때 미국으로 유학을 갔기 때문에 그와 전혀 안면이 없었다. 하지만 1973년 9월 무렵에 만난 뒤로 우리는 가까운 사이가 되었고 나는 그를 통해 내가 중앙정보부의 조사대상이 되었다는 사실을 알게 되었다.

김영광 의원이 중앙정보부 조정과장으로 일하던 1973년 7월이었다고 한다. 박정희 대통령이 서류봉투 하나를 건네며 그에게 이렇게 말했다.

"아세아 방송 사장인 김장환 목사가 미국 부인을 데리고 사는데 정체가 모호하다고 하니 조사해 보시오."

타자기로 깔끔하게 친 투서였으나 보낸 사람의 이름은 지워진 상태였다. 투서의 내용은 내가 미국의 스파이이며 한국의 정치·경제·군사에 관한 정보와 대통령의 지지도 등을 정기적으로 조사하여 미국으로 보고하고 있다는 것이었다. 또 내가 오산 비행장에서 미 공군기로 미국을 마음대로 오간다고까지 적혀 있는 등 아주 그럴 듯 했다.

김영광 과장은 투서만 믿고 목사이면서 방송사 사장인 나를 오라 가라 할 수 없어 하부기관에 의뢰하여 은밀히 조사를 벌였다고 한다.

그것도 두 번이나 말이다. 그래도 내가 오산 비행장을 통해 미국을 오간 흔적이나 미국을 위해 스파이 활동을 한 증거를 찾지 못하자 박 대통령에게 그는 이런 내용의 보고서를 올렸다.

"1차와 2차에 걸쳐 내사한 결과 김장환 목사는 매우 애국심이 강하고 신앙심이 깊은 사람이다. 미국에서는 침례교의 영향력이 크다. 김장환 목사는 미국에서 대학을 졸업해 인맥이 매우 넓다. 그러므로 미국에서 영향력이 큰 빌리 그래이엄 목사와 친한 김장환 목사를 국가홍보에 활용하는게 좋겠다."

그러나 나는 나라에서 따로 부탁을 하지 않아도 여러 사람과 함께 자발적으로 미국으로 날아가 한국을 홍보하고 다녔다. 그 많은 활동 중에서도 1975년 한국에 대한 원조를 제한하려는 움직임을 저지했을 때가 가장 극적이었다. 당시 도널드 프레이저 하면 반한파로 이름을 떨쳤던 인물이다. 그는 인권이 없는 한국을 도와줘서는 안 된다며 반한운동을 전개했다. 그래서 그해 8월 김인득 벽산그룹 회장, 김익준 의원과 함께 그의 출신지역인 미네소타주 「미니애나폴리스」를 찾았다.

그 지역 YFC (10대 선교회) 총재인 위플이 기독교 지도자 백여 명을 모아 주어 우리는 그들에게 프레이저 의원의 생각이 잘못이라는 것을 알렸다. 그 모임에 참석한 미네소타 주립대학 신문의 편집인 조 스커트는 대학 신문에 프레이저 하원의원의 무책임한 반한론을 비판하는 기사를 싣겠다고 약속했다.

또 1976년에는 미국의 극동방송 본사가 미국 반한 여론을 바꾸는데 적극 나섰다. 로버트 보우먼 총재가 선두에 섰다. 이런 많은 사람들의 노력 끝에 프레이저 의원의 주한미군 철수 안건은 의회에서 부결되었으며 프레이저 의원은 다음 선거에서 낙선하고 말았다. 우리를 도왔던 미국의 기독교 인사들은 프레이저안이 부결된 날을 한국의 국경일로

나라를 위해서라면
나라를 위한 일이 곧 선교하는 일이라고 생각한 나는 미국 내 반한 기류를 잠재우기 위해 내가 필요한 곳이라면 어디든 달려갔다. 돌아보면 참 많은 사람들이 열심히 뛰었다.

정하라고 말하기도 했다.

1976년 9월에는 국내외적으로 어느 정도 영향력을 미칠 수 있는 미국의 저명 인사를 한국으로 초빙하는 한편, 주한 미군 철수 반대운동을 조직적으로 시작했다. 철군 반대 조찬기도회를 수십 차례 개최하고 각종 성명서를 언론 매체에 많은 돈을 들여 게재하는 등 할 수 있는 모든 방법을 동원했다.

우리가 1975년 미국에 갈 때부터 중앙정보부에서 여러 가지 자료를 챙겨주긴 했지만 국가에서 경비를 댄 적은 한 번도 없다. 해외를 드나드는 경비는 주로 김인득 회장과 김연준 한양대 이사장, 명지대 유상근 총장 등이 부담했다.

김인득 회장은 미국 인사들에게 한국에는 종교탄압이 없다는 내용의 편지를 발송했는데 당시 발송한 편지는 13만 통이 넘었으며 우편 요금만도 8만 달러나 들었다. 그가 미국의 반한운동을 잠재우기 위해 1975년부터 3년 동안 미국을 오가느라 사용한 금액은 200만 달러가 넘는다고 기록되어 있다.

박정희 대통령은 카터 대통령이 다녀간 지 넉 달여 만에 유명을 달리했다. 또 1981년 2월 3일 미국의 주한미군 철수 정책은 전두환 대통령과 레이건 대통령의 공동성명에 의해 백지화되었다. 주한미군 철수가 거론된 지 10년 만에 일단 마무리된 셈이다. 그 10년 사이에 주한 미군 철수를 막기 위해 수많은 사람의 노력이 있었음을 잊어서는 안 된다.

전두환 대통령과의 만남

1979년 12·12사태로 우리 교회 (수원중앙침례교회) 교인이던 문홍구 합참본부장이 구속되었다. 면회를 가려니 전두환 보안사령관을 찾을 수밖에 없었다. 전씨와의 인연은 차지철 경호실장이 주도한 청와대 예배에서 시작되었지만 내가 어떤 목적을 가지고 그를 만난 것은 이때가 처음이었다. 청와대 예배에는 차 실장, 전두환 경호실 차장보 등 열두 명 가량이 참석했으며 전 차장보가 다른 곳으로 간 뒤에는 그 후임이던 노태우 차장보가 참석했었다.

수도육군병원에 있던 사무실을 찾아가자 전두환 보안사령관은 "문홍구 씨는 내가 형님처럼 모시니까 걱정하지 말고 돌아가라"고 말했다. 그의 말에 문홍구 씨 집에 가서 부인과 예배를 드리겠다고 하자 그렇게 하라고 했다.

그리고 그 자리에서 내가 전 사령관에게 기도를 해주겠다고 했더니 그도 흔쾌히 받아들였다. 구약성경 여호수아 1장 7절 "너는 마음을 강하게 하고 극히 담대히 하여 나의 종 모세가 네게 명한 율법을 다 지켜 행하고 좌로나 우로나 치우치지 말라 그리하면 어디로 가든지 형통하리라"는 말씀을 읽고 어려운 시국이니 잘 풀어나가라는 내용의 기도를 했다. 그때 전 사령관은 "나는 대통령을 할 생각이 없다"고 말했다. 그 말은 현 사태만 잘 정리하고 물러나겠다는 의도로 들렸다. 그래서 나는 이렇게 대답했다.

"하나님이 시키면 하고 싶지 않아도 해야 하고 하나님이 시키지 않으면 하고 싶어도 할 수 없는 일이지요."

문홍구 씨 집에 도착하자 보안사령부에서 나온 군인들이 이미 전화선을 끊고 감시하고 있었지만 나는 개의치 않고 문홍구 씨의 부인과 함께 예배를 드렸다.

최규하 대통령이 물러나자 미국 정부 안에서는 전두환을 받아들여야 하느냐를 놓고 갈등이 많았다. 당시 존 위컴 미8군의 사령관이 나를 만나자고 한 것도 판단에 도움이 될 만한 자료 수집을 위해서였던 것 같다. 독실한 크리스천이었던 위컴은 한국 임기를 마치고 돌아가 미국 육군참모총장을 지낸 인물로 그때 "전두환 장군에 대해서 아십니까?" 라는 위컴의 물음에 나는 이렇게 대답했다.

"청와대에서 예배를 올리는 시간에 봤는데 남자답다는 느낌이 들었습니다. 반미(反美) 감정은 없는 것 같고 아들(재국)을 통해서 볼 때 가정도 아주 건전한 것 같더군요. 얼마 전에 만나서 성경을 읽어주고 기도도 해주니 고마워 하더군요."

위컴 사령관은 객관적인 입장에서 여러 경로를 통해 전두환이란 인물이 어떤한지 알아보고 있는 중인데 미 상원에서 증언하기에 앞서 성직자인 나의 생각도 알아보는 것이라고 말했다. 당시 윌리엄 글라이스틴 주한 미국 대사는 전두환 장군을 달가워하지 않았다.

나는 위컴 사령관에게 "북한과 대치하고 있는 상황이어서 안정이 중요하다. 지금 잘 수습 해놓고 자유선거를 해야지, 수습을 하지 않고 그냥 정치인들에게만 맡겨 놓으면 혼란이 온다. 확고한 안보체제를 구축해 북한이 우리를 엿보지 못하도록 해야 한다"고 강조했다.

그러나 나는 전두환 씨가 대통령이 될 것이라는 생각은 하지 않았다. 오히려 그때는 김종필 씨가 정권을 잡는 게 가장 안정적일 거라고 판단하고 있었다.

전두환 씨가 정보부장 서리로 처음 궁정동에서 집무를 시작할 때 만난 적이 있다. 그 자리에서 이사야서 43장 1절에서 7절까지 읽고 "두려워 말라"는 내용의 말을 전한 뒤 기도를 했다. 전두환 씨는 성경 몇 쪽에 있는 말씀이냐고 묻고 집에 가서 아내와 읽어 보겠다며 적어 갔다.

전두환 전 대통령의 큰 아들 재국 씨와도 남다른 인연이 있다. 재국 씨가 연세대학교에 다닐 때 메이디 미첨이라는 미국 소령에게 영어를 배웠는데 미첨이 나와 친밀한 관계였던 것이다.

어느 날 미첨이 재국씨를 데리고 우리 집을 방문하면서 자연스럽게 친해졌다. 미첨 씨는 재국 씨에게 영어를 가르치는 틈틈이 성경도 가르쳤는데 재국 씨는 미8군 교회에서 함께 예배를 드리기도 했다. 나는 재국 씨가 미8군 교회를 다니는 것을 알고 세례받을 것을 권했다. 미첨 씨가 어디서 세례를 받겠느냐고 하자 재국 씨는 세례는 한국 목사에게 받겠다고 하여 나에게 침례를 받기도 했다.

미첨 씨가 본국으로 떠나기 얼마 전 우리 집에서 저녁식사를 대접하기로 했다. 나는 재국 씨에게 부모님도 모시고 오라고 당부했다.

당시 국보위 상임위원장이었던 전두환 씨는 아들의 청을 받아들여 수원까지 내려왔다. 당시 우리 집은 수원 변두리였던 인계동에 있었는데, 주변엔 집이 별로 없었다. 덕분에 정원이 꽤 넓었는데 우리가 정원에서 식사를 하는 동안 보안사 요원들은 집을 빙 둘러싸고 있었다.

광주에서 민주화 항쟁이 일어났을 때 전두환 국보위 상임위원장은 나를 불렀다. 광주에서 유혈참극이 일어나고 있는데 그 사태를 제대로 파악하지 못하고 있는 것 같았다. 이 사태에 어떻게 대처하는 것이 좋을지에 대해 자문을 구했다. 나는 군목을 광주로 내려 보내서 정확한 사태를 파악하는 것이 급선무라고 얘기했다. 당시 누구든 함부로 광주에 들어갈 수가 없는 상황이었다. 신현확 국무총리도 외곽에서 방송으로 시민들과 대화를 나눌 때였다.

그 주 일요일 날 우리 교회로 소령 계급장을 단 군목이 비표 두 장을 갖고 찾아왔다. 군목은 나에게 전두환 장군이 함께 광주를 다녀오라고 당부했다는 말을 전했다. 저녁 일곱 시면 통행금지가 실시될 때였지만 설교를 마친 후 나는 곧 소령과 함께 광주로 향했다.

광주에 도착한 나는 호텔로 광주 지역 YFC (10대 선교회) 대표와 목사, 장로 등 여든 명 가량을 초청했다. 나는 그들에게 광주에서 일어나고 있는 일을 숨김없이 얘기해 달라고 당부했다. 나와 함께 자리한 군목은 사복을 입고 있었기 때문에 참석자들은 그가 현역 소령이라는 사실을 알 길이 없었다. 그저 내가 데리고 온 사람 정도로 알고 있었다.

나는 미리 군목에게 기독교인들과 허심탄회한 대화를 나눌 때 한 마디도 빠짐없이 기록해서 전두환 장군에게 그대로 전달해 달라고 당부해 놓은 상태였다.

이미 시민들이 도청을 점령했을 때였다. 광주에서 실제로 겪은 일들을 기독교 지도자들은 자세히 얘기했다. 어떤 분이 "군인이 여자의 유방을 잘랐다"는 얘기를 하길래, 직접 봤느냐고 하자 "얘기만 들었다"고 했다. 그날 얘기를 마친 뒤 병원 네 군데를 돌아봤는데 아수라장이 따로 없었다. 허리에 총상을 입은 사람도 있었다. 당시 내가 본 광주의 모습은 한 마디로 무법천지였다. 이런 끔찍한 광주의 상황을 군목과 함께 다니면서 일일이 점검했다.

하지만 서울에 올라와서는 군목만이 수집한 자료를 갖고 갔을 뿐 나는 따로 전두환 위원장을 만나지 않았다. 그쪽에서 부르지 않는 한 쉽게 만날 수 있는 상황이 아니었기 때문이다.

그러던 중 나는 1984년에 수원지역 국회위원으로 출마하라는 권유를 받은 적이 있다. 어느 날 이종찬 원내총무가 프라자 호텔에서 만나자고 요청했다. 이병희 의원이 구속되자 여당에서는 수원에서 마땅히 내세울 만한 인물이 없었던 것이다. 이종찬 총무는 여론 조사를 한 결과 내가 당선권에 든다는 결론이 나왔다며 출마를 권했다. 이 총무의 체면도 있고 해서 나는 바로 거절은 하지 않고 기도해 보겠다고 한 뒤 집에 왔다. 그리고 집사람한테 슬쩍 "국회의원 나오라는데 나갈까?" 하고 물어봤다. 그러자 아내는 '선거전이 시작되면 사람들이 집에 많이 찾아올 텐데 그 밥을 어떻게 다 하느냐' 며 은근히 반대의 뜻을 비췄다. 그날 저녁, 나는 전두환 대통령에게 편지를 써서 김병훈 의전 수석에게 전했다. 김 수석에게 편지 사본을 보여 주었더니 그는 각하가 나가라는데 왜 안 나가느냐고 물었다. 나는 "목사로 일생을 보내는 것이 하나님 뜻이자 대통령을 위하는 일이며 나라를 위하는 일"이라고 답했다.

사흘 후 다시 이종찬 씨를 만났다. 목사로 그냥 있는 것이 나라를 위한 일이라고 말하자 자기도 그렇게 생각한다고 말했다.

뒤에 전 대통령께 호의를 받아 들이지 못해 죄송했다고 말했더니 전 대통령도 내가 안 할 거라는 생각을 했다고 말했다.

"목사님은 누구를 찍을 겁니까"

전두환 국보위원장이 대통령에 취임하기 전에 기독교계에서 조찬기도회를 가진 적이 있다. 그 일로 당시 참석했던 목사들의 이름이 거론되면서 오랫동안 좋지 않은 말들이 돌았었다.

우리나라에서는 목사들이 정치인을 위해 기도하는 것을 나쁘게 보는 경향이 있다. 문홍구 합참의장은 나중에 감옥에서 나와 우리 교회에서 예배를 드리다가 부목사가 대통령을 위해 기도하자고 제의하자 "어떻게 그런 사람을 위해 기도를 할 수 있느냐"면서 다시는 교회에 나오지 않았다. 하지만 성경에도 위정자들을 위해 기도하라는 내용이 있다. 로마서 13장 1~7절, 베드로전서 2장 13~17절 등에도 나라를 다스리는 이들을 위해 기도하라고 되어 있다. 위정자들이 제대로 일을 하는 것이 나라가 잘 되고 국민이 잘 되는 일이므로 기도하는 것은 당연한 일이다.

1981년 2월 전두환 씨가 대통령에 취임했다. 그가 대통령으로 재임하고 있을 때는 가끔 외국 국빈이 왔을 때 청와대로 초청받았을 뿐 개별적인 만남은 갖지 않았다.

그러다 전 대통령으로부터 다시 연락이 온 것은 1987년 대선을 앞둔 시점이었다. 수도권이 조금 어려우니 노태우 후보를 도와 달라는 것이었다. 당시 전 대통령이 정권을 내놓을 것이라고 생각했던 사람이 많지 않았는데 노 후보를 도와 달라는 것을 보니 물러나려는 생각이 분명한 것 같아 반가웠다.

그때 나는 야당이 정권을 잡을 만큼 민주주의와 선거 문화가 성숙하지 못했다고 판단하고 있었다. 그리고 미국의 도움이 필요한 상황이니만큼 '양키 고 홈'을 외치는 세력을 지원할 의사도 없었.

그래서 전 대통령의 부탁을 받고 곰곰 따져보니 노 후보를 지원하는 것이 나라를 돕는 길이라는 생각이 들었다. 주저없이 "제가 연설을 할 수 있도록 국방부장관, 내무부장관, 경기도 지사에게 전화나 해주세요"라고 말했다. 전 대통령은 당시 보안사령관인 고명승 장군을 만나라고 말했다.

나는 박정희 대통령 시절에 새마을 연수원이나 중앙정보부 등지에서 강연을 10여 년 했었다. 강연은 그 무엇보다도 자연스럽게 전도할 기회여서 나는 강연 요청을 흔쾌히 받아들였다. 강연을 시작할 때면 나는 늘 이런 전제를 깔았다.

"피곤하시면 주무셔도 됩니다. 제가 목사이니만큼 종교 얘기가 나올 겁니다. 그렇더라도 이해하세요."

내 연설의 결론은 '감사하는 사람, 겸손한 사람, 희생하는 사람, 사랑하는 사람, 용서하는 사람이 되라'는 것이었는데 강연을 하면서 자연스럽게 전도를 했고 그것을 제지하는 사람도 없었다.

그래서 나는 노 후보를 도와달라고 모아 놓은 사람들 앞에서도 새마을 연수원이나 중앙정보부에서 하던 것과 다름없는 내용의 연설을 했다. "사람이면 다 사람이 아니다. 사람다워야 사람이다"라는 말로 시작한 강연에서 노태우라는 이름은 단 한 차례도 올리지 않았다. 청중석에서 "목사님은 누구를 찍을 겁니까?"라고 물어도 나는 그저 이렇게 답했다.

"첫째 우방인 미국이 믿어주는 후보, 둘째 군대가 믿어주는 후보, 셋째 북한이 무서워하는 후보, 넷째 가정이 건전한 후보를 찍을 생각입니다."

그렇게 말하면 내가 말하는 사람이 바로 '노태우 후보'라는 것을 누구든지 알 수 있었을 것이다. 나는 그때 대선을 앞두고 그런 식으로 강연을 한 것에 대해 지금도 필요한 일이었다고 생각한다. 기독교 신자인 김영삼 후보보다 노 후보를 지원한 것은 우리 민족이 거쳐 가야 하는 길이 그래야 한다는 판단에서였다.

또 당시 김대중 씨가 대통령을 하기는 어려웠을 것이라고 본다. 그 당시 김대중 씨를 받아들일 만한 국민들의 정서가 마련되었느냐 하는 것이 중요하다. 지금도 햇볕정책에 대한 저항이 많은데, 더 일찍 당선되어 햇볕정책을 펼쳤더라면 저항이 더욱 컸을 것이다.

전 대통령은 노 후보를 위해 오직 나에게만 부탁한 게 아니라고 알고 있다. 전두환 대통령은 자신이 약속한 대로 단임으로 끝났다. 그리고 그는 스스로와의 약속을 지키기 위해 여러 사람들에게 자신이 내세운 후보를 도와달라고 부탁한 것이다.

백담사에서의 재회

1988년 전두환 대통령이 퇴임한 후 나는 연희동 사저를 몇 번 찾아가 기도를 해주었다. 같은 해 11월 말 무렵 여론이 나빠지자 전두환 전 대통령 부부는 성명을 발표하고 백담사로 들어갔다. 한달 뒤 나는 백담사로 향했다. 새벽 네 시 반에 출발해 아침 여덟 시쯤 백담사 아래에 도착하니 경비를 서고 있던 보안사 사람들이 가로막았다. "난 김장환 목사입니다. 기도해 주러 왔습니다."

그들이 여기저기 전화를 걸더니 결국 백담사로 올라가게 했다.

8km를 걸어 백담사에 도착하자 카메라맨들이 나를 향해 마구 셔터를 눌렀다. 행여나 전두환·이순자 부부의 모습을 담을 수 있을까 해서 카메라맨과 기자들이 상주하고 있었던 것이다. 기자들은 일제히 몰려와서 어떻게 왔느냐고 묻다가 내가 성경을 들어 보이자 관심을 끊었다. 외부인으로는 처음 방문한 나를 전두환·이순자 부부는 반갑게 맞아주었다.

그들은 백담사 「요사체」에 기거하고 있었다. 방 안엔 별다른 장식이나 가구가 없어 절 방 그대로였다. 까맣게 탄 아랫목에 물을 담은 대야가 놓여 있었다. 옆방에 가보니 벽돌에다 판자를 얹은 초라한 '화장대' 위에 화장품 몇 가지가 놓여 있었다. 의자도 침대도 없이 생활하려면 허리가 많이 아프겠다 싶었다. 문틈 사이로 바람이 많이 들어와서인지 비닐로 몇 군데를 막아 놓은 것도 보였다.

이순자 여사는 밤에 측간에 갈 때면 남편이 플래시를 들고 따라 나선다며 가급적 안 가려고 저녁에는 되도록 물을 마시지 않는다고 말했다. 또 목욕은 수건을 물에 적셔 닦는 것으로 대신한다고 했다. 내가 안쓰런 표정을 지어서인지 전 대통령은 육군 소위 시절에 비하면 지금은 호화판이라며 농담을 했다.

"내가 장관 시켜주고 별 달아준 사람은 하나도 안 찾아오는데 아무 상관없는 사람들이 편지도 보내고 쌀이랑 배추도 보내줍니다. 여기 와

전두환 대통령 부부와 함께
전두환 대통령은 세간에서 말하는 것과는 달리 매우 강직하고 심지가 굳은 분이었다. 권력자로서의 거만함 보다는 윗사람으로서의 아량을 갖춘 타고난 지도자였다. 스스로 불교 신자라고 말하던 전 대통령도 이젠 하나님의 큰 은혜로 이스라엘 성지순례를 가고 싶다고 말한다.

서 인생을 다시 살고 있지요."

전 대통령의 얘기를 들으면서 나는 권력의 무상함을 절실히 느꼈다.

전두환 대통령은 백담사로 향할 때 기자들을 따돌리기 위해 수원으로 돌아왔다는 얘기도 했다.

"1980년도에 아들 재국이와 함께 식사했던 기억이 나서 '이 근처 어디가 김 목사 집인데…' 하는 생각을 했습니다."

그 말을 할 때 순간 콧날이 시큰했다. 전두환 대통령은 내가 살았던 집 세 곳을 모두 방문했었다. 인계동 집을 팔고 새 집을 짓는 동안 잠시 머물렀던 교회 운전기사 사택도 방문했었다. 10평 남짓한 좁은 집이었는데 부엌과 방이 하나밖에 없어 방안에 있던 침대를 밖에 내놓고 전 대통령 부부와 식사를 했던 기억이 새로웠다.

백담사에서 만났을 때 대범한 성격인 전 대통령은 아무 말 하지 않았으나 이순자 여사는 이런저런 불만을 털어 놓았다. 또 노태우 대통령의 측근이 단 한 명도 백담사를 방문하지 않은 것과 노 대통령의 딸 소영씨가 결혼할 때 청첩장을 보내지 않은 일을 서운하게 생각했다.

나는 어김없이 절에서도 두 사람에게 위로가 되는 성경 말씀을 읽고 기도를 드렸다. 다만 절이라는 것을 감안해서 찬송가는 부르지 않았다. 정오 무렵이 되어 가야겠다며 일어서는 나에게 전두환 대통령은 "절 밥 한번 먹고 가라"고 권해 목사인 나는 결국 스님들이 지은 밥을 먹고 백담사를 떠났다.

그때부터 전 대통령 내외가 백담사에 기거하는 동안 한 달에 한두 번씩은 아내가 만든 케이크와 과자를 들고 함께 부부를 찾았다.

한번은 노태우 대통령의 부탁으로 전두환 대통령을 만나기도 했다.

노 대통령은 전 대통령을 백담사로 보낸 일은 여론에 밀려서 그런 것이지 자신의 진심은 아니라는 얘기를 해 달라고 당부했다. 또 정초에는 전 대통령을 위해 떡을 만들어 놓았지만 여론이 좋지 않으니까 안 보내는 편이 좋을 것 같다는 비서들의 말에 못 보냈다며 눈물을 많이 흘렸다는 얘기도 했다.

나는 백담사에 다녀와서 노태우 대통령과 만났다. 이런저런 얘기를 하다가 "뭐 하러 인사하러 간 사단장을 기합까지 줍니까? 주말마다 인사 가라고 해서 서로 교류를 하세요. 그리고 그 사람들 나중에 영전시켜 주세요"라고 얘기했다. 전두환 대통령과 가까운 사람들이 드나들 수 있도록 하라는 당부도 했다. 그리고 노태우 대통령의 측근 가운데 한 사람도 다녀가지 않은 것도 그쪽에서 봤을 때는 섭섭한 일이라는 얘기와 그곳에 전기도 달아 드리고 쌀도 보내라고 했다. "그런거 한다고 사람들이 욕하는 거 아닙니다"라고 말했는데 그래서인지 그 다음 날 김윤환 민정당 원내총무가 백담사로 찾아갔다.

나와 전두환 대통령은 퇴임 후에 더 돈독한 사이가 됐다. 그건 아마도 전두환 대통령이 백담사에서 외로운 나날을 보낼 때 자주 찾아갔던 인연 때문일 것이다.

나는 전두환 전 대통령과 노태우 전 대통령이 수감되어 있는 동안 똑같이 열세 번씩 면회를 갔다. 방송국 직원들과 주변 지인들이 '뭐 하러 면회 하느냐? 감옥에 있는 사람들 면회 가면 괜히 여론이 안 좋아 진다' 고 말렸지만 감옥에 있을 때가 가장 전도하기 좋은 기회 아닌가.

아무도 찾지 않을 때 찾아가는 것이 가장 좋은 기회가 된다는 생각에 나는 주변 사람들의 말에도 아랑 곳 없이 계속 갔다. 목사인 내게는 그들이 권좌에 오르기 전이나 권좌에 올랐을 때, 또 감옥에 갔을 때 모두 변함없이 전도의 대상일 뿐이다. 목사로서 위로가 필요한 곳에 위로를 하는 것은 내 사명이고 나는 그 사명을 실천하기 위해서 간 것이다.

전두환 전 대통령은 2000년 8월 나의 목회 40주년을 기념하는 평전 「그를 만나면 마음에 평안이 온다」의 출판기념회 석상에서 축사와 함께 이렇게 말했다.

"김 목사는 내가 대통령을 지낸 사람이라고 해서 특별히 인정과 호의를 베푼 것이 아닙니다. 그는 그늘진 곳은 어디든 찾아가 빛을 비추고 어려움과 고통을 겪는 사람이라면 누구에게든 다가가 도움을 주는 분입니다. 나는 교계의 존경받는 지도자, 많은 신도들을 거느린 목회자로서의 김 목사와 친교를 맺고 있다기보다는 한 가족 한 형제 같은 우애의 감정으로 만나고 있습니다."

그러면서 내가 정기적으로 백담사를 찾아준 것에 대해 감사하며 또 이렇게 말했다.

"찾아오는 사람도 별로 없고 먹을 것도 신통치 않을 때 김 목사는 우리 부부를 잊지 않고 찾아왔어요. 우리 부부는 김 목사가 돌아가면 언제 또 빵을 갖고 찾아올까 손꼽아 기다렸습니다."

그날 참석자 가운데서 그 말을 듣고 콧등이 시큰했다는 사람들이 많았다.

많은 사람이 전두환 대통령을 따르는 것은 눈여겨 볼만한 일이다. 백담사와 교도소까지 다녀왔지만 여전히 주변에 사람이 끊이지 않는 것은 다 그럴 만한 이유가 있기 때문이라고 생각한다. 사람들은 흔히 전두환 대통령을 접근하기 어려운 스타일이라고 생각하지만 실제로는 상대방을 편안하게 해주는 소탈한 성격이다. 특히 성격이 다정다감해서 아랫사람을 잘 챙겨준다. 이순자 여사도 세간에 알려진 것과는 전혀 다른 모습이다. 조용기 목사는 이순자 여사를 한 번 만나더니 "저렇게 현모양처인 분을 언론에서 그렇게 두들겨 팼느냐"고 말했다. 우리들도 직접 만나기 전까지는 이순자 여사가 전두환 대통령을 좌지우지하는 줄 알았는데 정반대였다. 이 여사는 남편에게 절대 순종하고 굉장히 가정적인 분이었다.

1999년 12월 나는 FEBC 지사 설립과 세미나 관계로 캄보디아를 방문했다. 불교 국가에 기독교 계통 방송국을 세우는 게 여의치 않아 전두환 전 대통령과 박세직 월드컵 조직위원장의 소개장을 준비해 갔다.

캄보디아 훈센 총리는 전두환 대통령을 군인 출신인데다 재임 기간에 경제를 안정시킨 점 때문에 호감과 함께 배울 점이 많다고 생각하고 있었다. 두 사람의 소개장 덕분에 일은 잘 해결되었고 그로부터 얼마 후 훈센 총리가 전두환 전 대통령을 초청했다. 전두환 전 대통령은 중소기업인들을 대동하고 2000년 2월 캄보디아를 방문했다. 그때 통역을 맡았던 학생은 고등학교 1학년생 김유미 양이다. 김 양은 선교사의 딸로 훈센 총리가 한국을 방문했을 때도 통역을 맡은 이력이 있다. 캄보디아에서 돌아온 전두환 대통령은 나를 집으로 초대해서 이런 당부를 했다.

"유미를 미국으로 유학을 보내 공부시킨 뒤 다시 캄보디아에서 일할 수 있도록 도웁시다. 김 목사가 여러 아이들을 미국으로 보냈으니 유미도 보내주세요."

이런 전 대통령의 부탁으로 나는 미국의 여러 고등학교에 편지를 보내 유미의 미국 유학을 알아 보았고, 마침 내 모교인 밥 존스에서 답신이 와서 유미는 2000년 여름에 입학하게 되었다. 유미의 학비는 우리 교회와 교회 신도인 경안전선 김명일 사장이 반씩 부담했다.

유미는 아르바이트를 두 개나 하면서도 열심히 공부해 밥 존스 고등학교로 옮긴 지 1년 만에 최우수 성적을 받았다. 유미는 고등학교를 졸업하고 밥 존스 대학교로 진학했다. 전두환 대통령은 유미가 대학교를 졸업하면 내 수제자로 삼으라고 말하면서 캄보디아 극동방송에서 일하게 하면 되겠다고 흐뭇해했다.

유미는 졸업 후 선교사가 되어 캄보디아로 돌아가 아버지와 함께 사역하고 있다.

주변 사람들은 전두환 대통령을 말할 때 광주항쟁 문제와 비자금 문제를 거론하면서 가까이 하지 말라고 말한다. 하지만 전두환 대통령에 대해서 끝까지 비판하고 나쁘게 말하는 것도 편협한 일이다. 한 인간을 어떤 사건 때문에 끝까지 미워하는 것도 올바른 일이 아니다. 지나간 일에 대한 평가로 한 사람을 정죄하고 미워하는 것은 잘못이다. 광주문제로 감옥에도 갔다오고 사과를 해도 받아들이지 않는 사람들이 있다. 외면하고 저주하면 친구가 되지 않는다.

불교 신자라고 늘 말하는 전 대통령에게도 조금씩 변화가 엿보인다. 얼마 전엔 나와 함께 이스라엘 성지순례를 가고 싶다고 말했다. 나는 바쁜 가운데서도 전 대통령이 이스라엘에 간다면 꼭 동행할 생각이다.

그때 그쪽에 가서 침례교 인사들과 이스라엘 고위관리들도 만날 예정이었으나 당시 이스라엘 지역 안전에 문제가 있어 미루었다.

나는 처음 미국에서 귀국하여 청소년 전도활동을 했는데, 보통 그 학교의 학생회장을 전도하면 그 아래 친구들이 대부분 교회에 나오게 된다는 사실을 알았다. 그것과 마찬가지이다. 전직 대통령을 만날 기회가 주어졌을 때, 만나서 전도하는 것은 목사로서 당연한 일이다. 전 대통령을 전도하면 언젠가 그를 따르는 많은 사람들을 전도할 수 있을것이다.

북방정책을 지원하던 노태우 대통령

노태우 대통령과 처음 만나게 된 것은 차지철 경호실장과 함께 예배를 드릴 때였다. 전두환 경호실 차장보가 전출을 가게 되자 후임으로 온 노태우 차장보가 그 예배에 참석했던 것이다.

만능 스포츠맨인 노 대통령은 정구 실력이 대단하다. 5공때 여러 사람들과 어울려 가끔 정구를 치면서 친목을 다졌는데 대통령이 된 후에도 친목 정구 경기는 계속됐다.

노 대통령의 자제인 재헌 씨와 소영 씨는 학생 시절 우리 교회에 와서 예배도 드리고 우리 집도 방문했다. 어느 해 추수감사절 날 소영 씨가 우리 집에 온 적이 있는데 마침 SK 최종현 회장의 동생인 최종관 씨 내외도 자리를 함께 했다. 최종관 씨는 나의 중학교 동창으로, 당시만 해도 소영 씨는 남편인 최태원 씨를 알지 못할 때였다.

소영씨는 초대받아 왔으면서도 스스럼없이 음식도 나르고 부엌에서 설거지도 했다. 남의 집 부엌에 들어가서 일한다는게 쉽지는 않은데 외국에서 생활했기 때문인지 그런 행동들이 자연스러웠다. 그 모습을 보고 최종관 씨 부인은 참 괜찮은 아이라고 칭찬을 했다. 그 자리에서는 소영 씨를 최종관 씨에게 소개하지 않았는데 나중에 소영 씨는 미국에서 최태원 씨를 만나게 되었다.

노태우 대통령은 재임 기간 동안 45개국과 수교를 맺었다. 특히 공산권 국가와 수교를 확대하면서 의욕적으로 북방정책을 실시했다. 노태우 대통령은 민자당 대표 시절부터 내가 사장으로 있는 극동방송이 공산권을 향해 복음을 전한다는 것을 알고 관심을 가졌다고 한다. 그가 수교가 안된 공산권 국가를 향해 전파를 발사하는 극동방송에 애정이 많은 것은 어찌 보면 당연한 일이었다.

1988년 6월 17일 노태우 대통령은 FEBC 로버트 보우면 총재와 나를 접견한 자리에서 극동방송의 노고를 치하했다. 그 자리에서 보우면 총재는 "1979년 이후 중국에서의 반응이 눈에 띄게 늘어났다. 현재는 중국 내 모든 성과 자치구에서 연간 8만6천명이 반응을 보내오고 있다"며 중국의 반응에 대해 설명했다.

노 대통령을 만나고 얼마 안 되어 우연히 제주공항에서 체신부장관을 만나게 되었다. 방송에 관한 얘기를 나누다가 그냥 지나가는 말로 "중국에 방송 수신이 잘 되게 하려면 극동방송 출력이 증강되어야 한다"고 했다.

체신부장관은 내 얘기를 주의 깊게 들었던지 딱히 어떤 부탁을 한 것도 아닌데 1988년 50KW였던 우리 방송의 출력이 100KW로 증강되었다. 그 후 대전 FM 방송허가가 나서 1989년 12월 1일에 개국할 수 있었다. 중부권 복음 전파를 위해 방송국을 설립하려 했으나 여의치 않아 애를 태우고 있었는데, CBS는 청주로 허가가 나고 우리 방송은 더 큰 도시인 대전으로 허가가 난 것이다.

나는 이러한 연이은 조치에 어리둥절했으나 노태우 대통령이 북방으로 좋은 방송을 보내기 위해서는 출력을 증강하고 방송국을 확장하는 것이 바람직하다는 판단 아래 허가했음을 알고 그에게 감사했다.

노태우 대통령은 중국과의 수교 직후인 1992년 9월 중국을 방문해 정상회담을 하고 나서 교민 대표와 기업체 상사 대표들을 만났다. 노 대통령은 중국이 사회주의 체제이고 북한과 오랫동안 동맹관계를 맺어왔기 때문에 교포들의 마음이 북한에 기울어져 있을 거라고 생각했다고 한다. 그런 상황에서 어떤 노력을 기울여야 할 것인가 걱정하면서 동포들을 만났는데 그들과 대화를 나누다가 깜짝 놀란 것이, 중국

온화한 성격의 소유자 노태우 대통령
노태우 대통령 재임 시절 나는 가끔 청와대로 초청받아 환담을 나누었다. 세상은 그를 '물대통령'이라느니 했지만 사실 노 대통령은 사람의 말을 귀담아 듣는 스타일로 자기를 드러내려 하지 않는 온순한 사람이란 생각이 들었다.

교민들의 90퍼센트 이상이 남쪽으로 마음이 기울어져 있다는 사실을 확인했기 때문이다.

어떻게 그런 일이 가능했는지 의아했던 노 대통령은 대화하면서 그 원인이 바로 방송이라는 것을 알게 되었다. 중국 교포들이 라디오를 통해서 극동방송과 KBS 사회 교육방송을 청취하고 있었던 것이다.

노 대통령은 중국 방문에서 돌아와 개신교, 천주교, 천도교, 불교, 유교 등 서른 명 가량의 종교지도자들을 청와대로 초청했다. 그리고 그 자리에서 노태우 대통령은 극동방송이 북방에 어느 정도 위력을 발휘하고 있는지에 대해 설명했다.

"남북관계만 해도 어려운데 200만이나 되는 중국 동포들마저 북쪽으로 기울어졌다면 여러모로 더욱 힘들었을 겁니다. 소리없이 물이 스며 들듯이 사람들 마음을 하나님 말씀으로 녹여 놓았던 거죠. 중국교포들이 극동방송을 듣고 자유의 귀중함을 배우고 풍요로운 한국을 동경하고 있다는 사실을 알았을 때 한편으로는 그 자유의 메아리가 전달되지 못하는 북한의 현실에 분개하는 마음이 들더군요."

그러면서 노태우 대통령은 극동방송이 결과적으로 자신의 북방정책을 지원한 데 대해 감사하다고 밝혔다. 그리고 그 동안의 노고를 치하하며 1993년 2월 22일 나에게 국민훈장 무궁화장을 수여했다. 그 훈장을 받았을 때 나보다 더 기뻐한 사람들은 바로 우리 극동방송 직원들이었다. 중국 교민들을 위한 방송을 하지만 궁극적인 우리의 목표는 북한의 주민들이다. 가끔 메아리없는 방송을 한다는 생각에서 직원들이 허탈해 하기도 했는데 대통령이 눈으로 확인하고 이렇게 훈장까지 수여하자 우리 방송국 직원들은 큰 보람을 느꼈다.

노 대통령은 재임 시절 가끔 나를 청와대로 초청해 환담을 나누곤 했다. 노 대통령은 사람의 말을 귀담아 듣는 스타일로 세간의 여론을 잘 알고 있어 따로 들려줄 말은 별로 없었다. 사람들이 자신을 '물대통령'이나 '물태우'라고 부르는 것도 이미 잘 알고 있었다.

1995년 11월부터 2년 1개월 동안 노태우 대통령이 안양교도소에 수감되었을 때 나는 역시 열세 번의 면회를 갔다. 노태우 대통령은 수감되었을 때 신구약 성경을 통독하면서 차분하게 시간을 보내고 있었다.

내가 면회를 가면 성경을 읽다가 의문나는 점을 질문했는데 그때 나에게 했던 질문 가운데는 이런 것이 있었다.

"아담과 하와가 죄를 안 지었더라면 인류는 어떻게 되었을까요? 죽으면 다시 살아나는지도 궁금하고 또 「회생」이라는 것이 있는지도 알고 싶군요."

그래서 나는 "그건 한 학기를 설명해도 시간이 모자라니 조용기 목사님이 오면 그때 물어보세요"라고 말한 뒤 다음에 조용기 목사와 함께 갔다. 조 목사는 30분 동안 빠른 어조로 조리있게 설교를 해주었다.

안양교도소 교도관 가운데는 교회 장로 한 분이 있었는데 면회를 가면 나를 안내하면서 노 대통령을 전도하려고 애썼다. 그분은 감옥에 계신 다른 많은 사람들에게도 열정적으로 전도하신 분이다. 잠깐 틈이 날 때마다 그분이 어떻게든 전도하려고 애를 쓰면 노 대통령은 농담처럼 이렇게 말했다.

"당신은 신학대학도 안 나와 놓고 뭘 설명하려고 합니까?"

그 말에 우리는 웃음을 터트리곤 했다.

또 노태우 대통령은 교도소에 있는 동안 재임 때 교도소를 방문하지 않은 것을 굉장히 후회했다며 교도소에서 나가면 재소자들을 위해 좋은 일을 해야겠다고 말하기도 했다.

나는 노 대통령이 구속된 다음부터 적적해하는 김옥숙 여사를 위로 하기 위해 아내와 함께 노 대통령 댁을 방문하기도 했다. 기도를 해주고 여러 사람들이 걱정하고 있다며 격려를 해주었다.

1997년 노태우 대통령이 출옥한 다음부터 나는 만나기만 하면 넌지시 이제 교회에 나가야 되지 않겠느냐고 권유했다. 그러면 내게 "불심이 깊은 어머니가 살아 계실 때는 불효를 저지를 수 없으니 나에게 강요하지 말라"고 했다. 어머니가 돌아가시자 그는 나에게 "이제 변명할 말이 없어졌다"며 웃었다.

그랬던 노 대통령은 나에게 "기독교인들에게 둘러싸여서 이젠 어쩔 수 없이 교회에 나가는 상태가 될 것 같다"고 말했다. 딸 소영 씨와 며느리가 원래 독실한 기독교 신자인데다 김옥숙 여사도 믿음을 갖게 된 것이다.

노태우 대통령은 내가 감옥에 있을 때 찾아간 것에 대한 감사의 의미로 1999년 추수감사절에 중앙기독 초등학교와 우리 집을 방문했다.

그때 노 대통령은 특별히 내 아내를 치하했다.

"미국에서 가난한 나라로 시집와서 어려운 환경을 딛고 훌륭하게 잘 적응한 점과 자녀들이 잘 자란 것을 보니 참 대견합니다."

내가 늘 아내에게 하고 싶었던 얘기였는데 노 대통령이 그렇게 해주어서 몹시 고마웠다.

전두환 대통령과 노태우 대통령은 자리를 함께 하는 일이 상당히 드물다. 꼭 필요한 일이 아니면 함께 자리하지 않는다는 건 알 만한 사람들은 다 아는 사실이다. 그런 분들이 2000년 8월 나의 이야기를 쓴 「그를 만나면 마음에 평안이 온다」의 출판기념회에 나란히 참석해 주었다.

노태우 대통령은 사람을 편하게 해주는 스타일인 것 같다. 또 자기를 드러내려 하지 않는 온순한 사람이다. 강력한 군사정권에서 민주화로 가는 과도기에 그런 성격의 노태우 대통령이 정권을 잡은 것은 다행스런 일이다.

그리고 노태우 대통령은 참고 기다리는 스타일이다. 그는 자신이 물 대통령이라는 얘기까지 들으면서 참고 기다린 이유를 이렇게 말한 적이 있다.

"국민 앞에서 민주주의를 하겠다고 약속했기 때문에 우유부단하고 약한 대통령으로 인식된다 하더라도 자율적으로 민주주의가 일어설 수 있도록 기다렸습니다. 나는 주변 사람들에게 참 용기에 대해 얘기하곤 합니다. 참고, 용서하고, 기다리는 것이 참 용기이지요. 강하게 다스리는 것이 통치방법으로는 가장 쉽지만 민주주의를 후퇴시키지 않기 위해 나는 늘 참 용기를 생각했습니다."

이렇게 노 대통령은 고민하고 갈등하면서 5년 동안 우리 사회에 민주화가 뿌리내릴 수 있는 토양을 마련했다.

전두환 대통령 이후에 바로 김영삼 대통령이나 김대중 대통령이 권좌에 올랐더라면 엄청난 혼란이 있었을 것이다. 군인 출신이지만 온화한 성격의 노태우 대통령이 적당한 때에 통치권을 잡은 것은 잘된 일이며 나는 이를 하나님의 섭리라고 생각한다.

장로 대통령 김영삼

김영삼 전 대통령과의 첫 대면은 1980년에 이뤄졌다. 이른바 서울의 봄을 맞아 3김 가운데 누가 진짜 대통령감인지 알아보기 위해 나는 개신교 장로인 김영삼 씨를 찾아 상도동으로 갔다. 목사와 장로의 만남이니 우리는 기독인으로서의 대화를 나누었다. 김대중 씨도 만나 봐야겠다고 생각하고 있을 때 그만 정국이 꽁꽁 얼어 붙고 말았다. 또 다른 3김의 하나인 김종필 씨와는 이미 1970년 초부터 잘 아는 사이였다.

1990년에 서울에서 열린 제16차 세계침례교 총회 때는 당시 민자당 대표였던 김영삼 씨의 도움을 많이 받았다. 당시 총회는 전세계 곳곳의 침례교 지도자 만여 명이 참석하는 대규모의 대회였을 뿐만 아니라 동구권의 해빙 무드를 타고 유고, 체코, 폴란드, 헝가리 대표들이 대거 참가해서 주목을 받았다. 88서울올림픽에 불참했던 쿠바도 이 대회에는 대표단을 보냈고, 소련 대표 160명도 참석했다. 1917년 공산 혁명 이후 소련이 해외 종교행사에 단체로 공식 참석한 것도 처음이었고 한국에 소련 종교인들이 이렇게 많이 입국한 것도 처음이었다. 당시 소련 사람들의 입국이 쉽지만은 않았지만 청와대 최창윤 정무수석의 도움으로 무사히 입국할 수 있었다.

강영훈 총리가 대회 당일 축사를 해주었고 김영삼 대표는 간부급 1500명을 인터컨티넨탈 호텔로 초청해서 점심을 대접해 주었으며 자신의 사인이 든 볼펜까지 선물로 주었다. 이러한 도움으로 나는 수월하게 세계침례교 대표들을 잘 대접할 수 있었다. 당시 미사리 조정경기장에서는 만여 명의 침례교인들이 침례를 받아 참석 인사들이 한국에 대한 깊은 인상을 갖는 계기가 되었다.

1992년 대선을 앞두고 나는 마음속으로 김영삼 후보를 지지하고 있었다. 기독교 장로가 대통령이 되어 우리나라의 복음화가 이루어지길 바라는 마음에서였다. 그래서 그의 신앙이 어떤지 알아보기 위해 딸인 혜경 씨와 사위를 우리 방송사에 초대해 인터뷰를 했다. 그때 우리는 주로 김영삼 후보의 신앙에 관한 질문을 던졌다. 아버지가 교회에 십일조(수입의 10분의 1)는 내는지, 평소 가정 교육은 어떤지 등에 대해 대답을 들은 다음 성악과 출신인 혜경 씨가 성가를 한 곡 불렀다.

그러자 선거관리위원회에서 방송사에 강력하게 항의했다. 선거가 한참 남았는데도 선관위 팩스와 전화가 불이 났다고 한다. 아세아 방송(현 제주 극동방송)에서 방송이 나가자마자 방송국으로 항의가 빗발쳐 인터뷰 내용을 내보내려던 대전 극동방송은 계획을 취소해야 했다. 물론 서울에서도 이 방송은 나가지 못했다.

1991년에는 김영삼 대표에게 오산 공군기지를 방문하라고 권유한 적이 있다. 군과 서먹서먹한 관계이니 우선 오산 공군기지부터 방문해서 친분을 쌓는 게 좋을 것 같았다. 당시 미8군 사령관이자 훗날 미국 공군참모총장이 된 포그먼 장군에게 연락하여 오산을 방문했다. 김 대표는 그날 오산 공군기지에서 북한의 스커드미사일 실태와 미군의 패트리어트 미사일에 대한 브리핑을 들었다.

그리고 1992년 대선에서 김영삼 대통령이 당선된 후 나는 조용기 목사와 함께 자주 청와대를 방문했다. 아무래도 장로 대통령이니 만큼 역대 어느 대통령보다 친밀하게 지냈다. 해외 나갈 때, 야당 지도자를 만날 때, 어려운 일이 있을 때, 종교 지도자를 만날 때, 무슨 결정을 내려야 할 때면 김 대통령은 기도를 부탁하기 위해 전화를 줬다.

한번은 제주도에 있는데 전화가 왔다. 야당 지도자들과 오찬이 있는데 기도 좀 해달라고 했다. 마침 조용기 목사와 함께 있을 때여서 내가 기도한 뒤 "조용기 목사도 있으니 그에게도 기도받으세요" 하고 수화기를 넘겨주었다. 김 대통령은 전화를 끊으면서 내가 감수한 「하나님의 약속들」이라는 주제별 성경책을 열심히 본다고 덧붙였다.

김현철 씨 문제로 한창 시국이 소란스러울 때였다. 김영삼 대통령이 종교계 대표로 김수환 추기경을 만난 일이 있었다. 그러자 김광일 비서실장은 김영삼 대통령에게 천주교만 만나지 말고 개신교와 불교 지도자도 만나야 하지 않겠느냐는 의견을 제시했다. 김영삼 대통령은 개신교 대표로 나와 조용기 목사를 선정했고, 김광일 비서실장은 우리들에게 그 주 토요일 네 시까지 함께 오라고 통보했다. 나는 대부분의 경우 조용기 목사와 함께 청와대를 방문했다. 친구인데다 늘 청와대에 함께 다니다 보니 사람들이 우리 둘을 바늘과 실이라고 불렀다. 그래서인지 또 우리 둘이 개신교 대표로 선정된 것이다. 하지만 내가 조용기 목사에게 전화를 하자 그는 이렇게 말했다.

"우리가 개신교 대표로 대내외에 공표되는 건 바람직하지 않습니다. 우리가 자주 청와대에 간 것은 개인적으로 기도해 드리러 간 것이지 개신교의 대표 자격으로 간 것은 아니니까요."

나 역시 공식적으로 대통령을 만나면 언론에 보도가 될 텐데 개신교 대표 직함을 갖지 않은 우리가 나서서는 안 된다는 생각이 들었다. 그래서 김광일 비서실장에게 한국기독교교회협의회(KNCC) 회장 박종순 목사와 한국기독교총연합회 대표인 최훈 목사에게 연락하라고 일러주었다. 그날 저녁 TV뉴스에는 그들이 김영삼 대통령과 만나는 것이 보도되었다.

사람들은 목사와 대통령이 만나면 무슨 얘기를 하는지 궁금해한다. 대통령과 만났다고 해서 특별히 정치 얘기를 하는 것은 아니다. 그냥 남들과 똑같이 손자들 얘기, 자녀들 얘기를 한다. 하지만 대통령을 만나서 특별히 충고하고 싶은 말이 있을 때는 아무리 목사지만 직접적으로는 하기 힘든 게 사실이다. 이럴 때는 성경말씀과 기도를 통해 하는 경우가 많다.

청와대에 가면 나는 주로 성경을 읽고 조용기 목사는 기도를 하는데, 그때마다 말씀과 기도의 핵심은 올바른 혜안으로 나라를 잘 다스릴 수 있도록 해달라는 것이다. 또 청와대 가족 모임의 예배를 인도하러 갈 때면 나는 반드시 주보를 만들어서 갖고 갔다. 예배를 드리려면 제대로 순서와 격식을 맞추어 드려야 한다는 생각에서 반드시 헌금 시간을 가졌다. 김 대통령 내외를 비롯한 아들 내외 등 가까운 친지들이 모여 예배를 드리면 몇 십만 원 정도의 헌금이 걷힌다. 손명순 여사는 내가 돌아갈 때면 "어려운 사람들을 도와주라"며 그 헌금을 나의 손에 쥐어주곤 했다.

나는 손 여사를 볼 때마다 외할머니와 이모가 떠오르곤 했다. 돌아갈 때 볼펜 하나라도 쥐어 주려고 하는 모습이 참 정겨웠다. 사실 전직 대통령들을 만날 때면 영부인들 때문에 더욱 정을 느끼게 된다.

나와 조용기 목사는 그저 예배만 드리는 것이 아니라 필요할 때 대통령에게 간접적인 충고를 하기도 했다. 김영삼 대통령의 아들 현철 씨를 구속하라는 여론이 들끓었던 1997년 3월의 일이다.

그날 청와대 예배에서 나는 "반역을 꾀한 아들 압살롬이 정부군의 창에 찔려 죽은 후 다윗왕은 식음을 전폐하다 다시 심기일전하여 나라를 잘 이끌어갔다"는 성경 대목을 인용해 우회적으로 결단을 촉구했다.

예배를 마치자 조 목사가 "꼭 드리고 싶은 말씀이 있는데 해야 할지, 말아야 할지 망설여진다"고 말했다. 그러자 김영삼 대통령은 무슨 얘기인지 하시라고 했고 조용기 목사는 이런 핵심의 얘기를 했다.

"옛날 어느 왕국에서 밀 농사가 풍년이 들었는데 한 무리의 탕아들이 말을 타고 와 밀밭을 쑥대밭으로 만들어 놓았다. 그 나라 왕은 다시 한번 이런 일이 있으면 그 사람의 두 눈알을 빼놓겠다고 약속했다. 그런데 얼마 후 다시 그런 일이 발생했는데 범인을 알아 보니 바로 왕의 아들이었다. 왕은 약속을 지켜야 하지 않겠느냐고 했으나 주변의 신하들은 반대했다. 왕은 고민 끝에 자신의 오른쪽 눈과 아들의 왼쪽 눈을 뽑았다."

김영삼 대통령은 그 얘기에 아무런 대답도 하지 않았다.

이날 청와대 오찬을 끝내고 바로 대전 국방대학에서 설교를 하기 위해 대전으로 떠났는데 극동방송 비서실에서 연락이 왔다. 청와대 출입기자들이 극동방송 비서실로 찾아와서 대통령과 무슨 얘기를 나누었는지 물어봤다는 것이다. 그날 우리가 김 대통령과 나눈 대화에 대해 누군가가 슬쩍 흘렸던 것 같았다. 기자들은 내가 없다는 사실을 알고 여의도순복음교회로 갔지만 조 목사 또한 아무런 답변도 하지 않았다. 그러다 그날 조용기 목사는 여의도순복음교회 성전에서 설교를 하면서 청와대에서 있었던 얘기를 했는데 그 자리를 김현지 중앙일보 기자가 지키고 있었다. 김 기자는 1997년 3월 28일자 신문에서 「YS, 고언 듣고 장시간 기도. 조용기, 김장환 목사 청와대 찾아 시국논의」라는 제목으로 그 사실을 특종으로 보도했다.

마침내 5월 17일, 김현철 씨는 구속되었다. 현직 대통령의 아들이 구속되어 수사를 받게 되자 시끄러웠던 정국은 어느 정도 진정되기 시작했다.

전도를 위해서라면

2001년 12월 9일 김영삼 전 대통령을 우리 교회로 초청해 신앙 간증 집회를 열었다. 그런데 분위기가 전혀 신앙 간증집회가 아니었다. 이거 큰일이다 싶었다. 김 대통령 대변인 역할을 맡고 있는 박종웅 한나라당 의원은 물론, 김영삼 대통령을 보기 위해 신문 기자들도 잔뜩 몰려왔기 때문이다.

결국 김 대통령은 그날 교회에서 신앙간증이 아닌 정치연설을 하고 말았다. 그리고 그 내용은 그 다음날 일간지에 크게 보도됐다. 김 대통령은 당시 이회창 한나라당 대권주자에 대해 좋지 못한 감정을 노골적으로 드러냈으며 김대중 대통령에 대해서도 "나라 전체를 이토록 망쳐놓고 혼자만 살려고 집권당 총재 자리에서 도망쳐 버렸다. 이는 무책임하고 부도덕한 처사이다"라고 비난했다.

결국 다음날 새벽기도 때 나는 교인들에게 고개 숙여 사과의 말을 해야 했다.

하지만 이런 김영삼 대통령을 보면 정치를 위해 태어났고 또 정치를 위해 살았으며 앞으로도 정치를 위해 죽을 거라는 생각이 든다. 정치를 잘했고 못 했고 하는 문제를 떠나 김 대통령을 보면 그야말로 정치적 인물이라는 생각이 든다. 그래서인지 다른 전직 대통령들과는 달리 김영삼 대통령은 지금도 정치적인 영향력을 어느 정도 발휘하고 있으며 앞으로도 계속 그럴 것이라고 생각한다.

그러나 내 개인적으로는 김영삼 대통령이 기독교 장로로서 신앙간증을 하며 남은 인생을 살았으면 하는 바람을 갖고 있다.

전두환 전 대통령도 우리 교회에서 짧은 연설을 한 적이 있는데 그때는 교인들로부터 큰 박수를 받았다. 자신을 불교 신자라고 소개하는 전두환 전 대통령은 1999년 성탄절과 2001년 11월 추수감사절 때 그리고 우리 교회 특별예배에 몇 번 참석했다. 그때마다 40명 가량의 인사들이 전 대통령과 함께 우리 교회를 찾았다.

추수감사절 땐 토머스 슈워츠 미8군 사령관이 참석하여 인사말을 했는데, 그 순간 나는 전 대통령에게도 그런 자리를 마련해 주는 것이 예의라는 생각이 들었다.

전 대통령은 예정에도 없는 내 부탁에도 주저하지 않고 단상에 올라가 위트 넘치는 연설을 했다.

"백담사에 있을 때 하루는 기독교인들이 나를 찾아와 먹을 것도 주고 얘기도 많이 들려 주었습니다. 그런데 정작 목사는 안 보이는 것이었습니다. 어딨나 했더니 절이 마귀의 소굴이라며 건너편에 혼자 남아 있었습니다. 절이 마귀의 소굴이라면 대장이 앞장 서야지 자기는 빠지고 교인들만 보내면 진정한 목사가 아니지요. 하지만 김 목사는 그런 소굴에 여러 번 찾아왔습니다. 그래서 나는 오늘 설교처럼 감사하는 사람이 되고자 합니다."

이런 내용의 연설이었는데 이때 참 많은 교인들이 감동했다.

나는 현철 씨가 구속되었을 때 열 두번의 면회를 했다. 어려서부터 신앙생활을 한 사람이니 만큼 내가 가서 예배를 드리면 늘 겸손한 모습으로 예배에 임했다. 예배를 드리고 나서 나는 "아무 말 하지 않고 가만히 있는 것이 아버지를 돕는 길이다"라는 얘기를 했다. 현철 씨는 내 말을 묵묵히 받아들였다. 나도 자식을 키우는 사람으로서 현철 씨를 만나고 오면 마음이 좋을 리 없었지만 신앙이 있으니 잘 견딜 것이라고 여겼다.

내가 현철 씨의 면회를 하는 것을 김 대통령 내외는 잘 몰랐다. 나중에 알게 된 손명순 여사는 나에게 "부모 역할을 대신해주어 정말 고맙다"고 말했다. 두 분은 사실 가보고 싶어도 갈 수 없는 형편이었다.

사람들은 나에게 전직 대통령들이 청와대에 들어가기 전이나 대통령으로 재직할 때, 그리고 퇴임 후 여론이 나빠져 호된 질책을 받거나 급기야 교도소에 갔을 때 조차도 그들과 변함없이 친하게 지내는 이유가 뭐냐고 묻곤 한다. 그때마다 난 늘 이렇게 답한다.

"나는 전도의 사명을 받았기 때문에 그 사명을 실천하기 위해서죠. 목사로서 위로가 필요한 곳에 위로를 하는 것도 내 사명입니다."

제2부

예정된 신앙의 길을 가다

어느 날 내가 막사 앞에서 혼자 하모니카를 불고 있는데
다른 막사의 병사가 나에게 다가오더니 이렇게 물었다
"너 빌리라고 하지? 나는 칼 파워스 상사라고 해. 너, 미국에 가고 싶지 않니?"
내가 고개를 끄덕이자 그는 밝게 웃었다
나는 '미국에 데려 가겠다'고 말했다가 제대할 때가 되면
그냥 가버린 미군들이 많았기 때문에 그의 말을 대수롭지 않게 여겼다
하지만 칼 파워스 상사는 다른 미군들과는 달랐다

죽기보다 싫었던 가난

내가 광복을 맞은 것은 열한 살 때였다. 조국이 다른 나라에 점령당한 상태일 때 태어났으니 유년시절이 즐거웠을 리 없었다. 그저 지독한 가난과 암담한 미래만이 있었을 뿐이다. 나는 1934년 경기도 화성에서 김순필 씨의 다섯 남매 가운데 막내로 태어났다. 어머니가 그때 이미 마흔 둘이었기 때문에 나는 큰 형수의 젖을 먹고 자랐다. 내가 열네 살 때 아버지가 돌아가시자 큰 형님 부부는 내게 부모나 다름없는 분들이었다.

아버지는 내 위로 다섯을 잃었기 때문에 나를 석 달을 기다렸다가 호적에 올렸다. 일곱 식구가 작은 방에서 함께 자다 보니 어머니는 내가 형들에게 깔리지 않을까 몹시 걱정이었다. 그래서 어머니는 나를 벽쪽에 재웠다고 한다. 지금 내 머리 한 쪽이 평평한 것은 그때 벽을 등지고 칼잠을 잤기 때문이다.

일곱 살에 소학교에 입학해 4학년 때까지 일본인 선생에게 배웠다. 광복 이후엔 한국인 선생님에게 배우게 되었지만 별로 나아진 건 없었다. 그때도 치맛바람은 거셌다. 어머니가 학교를 찾지 않는 아이들은 선생님의 눈에 들지 못했다. 돈 많은 집 아이들은 선생님에게 과외를 받는데 선생님은 늘 그 아이들을 편애했다.

어머니, 그리운 이름

마흔 넘어 나를 낳으셨던 늙으신 어머니. 죽으려면 미국에 가라고 말씀하시며 수원의 흙 한줌을 담아 주셨던 나의 어머니. 갈색 머리 갈색 눈의 며느리 트루디를 큰 아량으로 환영해 주셨던 그 어머니를 생각하면 언제나 내 마음엔 안타까움과 고마움이 교차한다.

나는 어릴 때부터 웅변하는 것을 좋아했고 또 잘했지만 대회에 나가는 쪽은 늘 그런 아이들이었다. 할 수 없이 나는 집 뒷산에 올라가 혼자 웅변을 하곤 했다. 또 운동화가 각 반마다 서너 켤레씩 배급이 나와도 대개는 선생님이 좋아하는 아이들에게 모두 나눠 주었다.

철없게도 나는 그때 학교에서 느낀 이런저런 이야기를 모두 어머니에게 들려주었다. 그러자 어머니는 막내아들이 기죽는게 싫었던지 언젠가 마늘 한 접을 싸들고 나를 따라 나서시기에 나는 기겁을 하고 소리를 버럭 질렀다.

"다른 엄마들은 쌀이나 돈을 갖다주는데 창피하게 마늘이 뭐예요. 엄마, 학교에 오지 마세요."

친구 어머니들이 당시로서는 귀한 달걀과 배추, 쌀 따위를 들고 선생님 댁을 찾아가는 걸 봤던 나는 오랜만에 치장을 하고 나서는 어머니를 이렇게 가로막았다. 어머니는 몹시 실망하는 눈치였으나 달리 말로 표현하시지는 않았다. 지금도 나는 그날을 떠올리면 후회가 막급하다.

광복 이후 동네마다 청년단이 조직되었고 어디서든 좌익이다 우익이다 하며 시끄럽게 떠들었다. 세상은 달라졌지만 여전히 가난했고 먹을 것은 없었다. 봄철이면 가족들은 푸른 보리를 잘라서 온돌방에 널어 말렸다. 그리고 그것을 끓여 고추장을 곁들여 먹었다. 어릴 때는 그 보리죽이 정말 먹기 싫어 차라리 굶는 게 낫겠다는 생각을 하기도 했다.

6학년이 되자 나는 걱정이 태산이었다. 우리 형편에 내가 중학교에 가는 것은 꿈도 못 꿀 지경이었기 때문이다. 우리 집의 수입이라고는 어머니가 일구던 쬐그만 밭에서 나는 약간의 수확과 큰 형님이 우마차를 끌어서 벌어들이는 돈이 전부였으니 내가 중학교 가기는 거의 불가능한 것처럼 보였다.

그러나 나는 틈만 나면 어머니에게 중학교에 보내달라고 졸랐다. 일단 시험을 쳐보라는 어머니 말에 힘을 얻어 열심히 공부해 6년제인 수원농림중학교에 합격했다. 그때 경쟁률은 4대 1정도였다. 우리 반 일흔 명 가운데 오직 다섯 명만이 합격했고 그 다섯 명 가운데 한 명이 바로 나였다.

나는 그렇게 꿈에 그리던 중학교에 들어갔다. 어려운 집안형편에도 어머니의 사랑을 듬뿍 받고 자랐기에 나는 매우 밝았다. 얼굴이 동그

랗고 귀엽다며 친구들은 나를 '앵두'라고 불렀는데 나는 어딜 가나 인기가 높았다. 수원농림중학교 때는 야구부에 지원하여 볼보이를 열심히 했는데 그때 야구부 1루수가 바로 SK 최종현 회장이었다. 동생인 최종관 씨 역시 나의 동창이며 그때부터 절친한 친구이다. 이런 나에게 월사금(매월 내는 학비) 내는 문제만 없다면 학교생활은 대만족이었다.

학교 갔다 오면 한가롭게 놀 시간이 없었다. 집안 일도 돕고 소꼴도 먹이고 밭일도 돕느라 공부하긴 힘들었다. 친구들과 어울려 광교산으로 나무를 하러 다니기도 했다. 중학교 2학년 때 아버지의 죽음은 가난이 뭔지를 처절하게 느끼게 했다. 팔촌형이 선산을 내주지 않아 아버지를 모실 터가 없어 고민하느라 슬픔을 느낄 겨를도 사실 없었다. 다행히 어느 이웃이 땅을 내줘서 겨우 아버지의 장례를 치를 수 있었다.

사춘기에 접어들면서 나는 생각이 무척 많아졌다. 가난한 집안에 태어나 아버지는 일찍 돌아가시고, 월사금을 걱정해야 하는 처지인 나 자신이 한심하게 느껴졌다. 과연 나의 미래는 어떻게 될지 암담하기만 했다. 어떻게든 공부를 하는 길 외엔 달리 방법이 없다는 결론이 났다.

공부를 해서 정치가나 농림부장관이 되어 많은 사람을 가난에서 벗어나게 해주자는 결심을 했다. 그렇지만 집안 형편은 좀처럼 나아지지 않아 학업을 이어가기 힘들지도 모른다는 불안감은 계속되었다.

미군 하우스보이가 되다

고등학교 진학 문제로 고민하던 나는 어느 날 철도청에 다니는 동네 사람에게서 서울 용산에 있는 철도고등학교에 들어가면 등록금 면제는 물론이고 용돈까지 받는다는 이야기를 들었다. 그 순간 철도고등학교를 졸업해 수원역장이라도 된다면 그렇게 나쁠 건 없다는 생각이 들었다.

철도고등학교 시험을 치르기 위해 수원에서 서울로 떠난 날이 1950년 6월 26일이었다. 전쟁이 터졌는데도 까마득히 모르고 있었던 것이다. 그 다음날 철도고등학교를 찾아갔으나 정문에는 시험을 무기한 연기한다는 공고가 붙어 있었다. 냉천동의 외삼촌댁으로 발길을 돌리려는데 어디선가 펑펑 터지는 소리가 났다. 그제서야 전쟁이 났고, 인민군이 미아리 고개를 넘었다는 이야기가 귀에 들려왔다. 사람들을 따라 서울역으로 가봤더니 기차가 다니지 않는다는 것이었다. 한강에서 간신히 배를 얻어 타고 노량진역으로 갔지만 거기도 기차가 다니지 않아 기찻길을 따라 걷다가 겨우 시흥에서 화물차를 얻어 탈 수 있었다. 수원에 도착했을 때가 밤 아홉 시쯤이었는데 이미 그곳도 전쟁 때문에 초긴장 상태였다.

6월 27일 국군 패잔병들이 총도 없이 수원까지 내려와 남으로 내려가기 시작했다.

비행장과 역이 폭격을 당하고 곧 인민군이 수원을 점령했다. 갑자기 온 동네가 위원장 선출이다, 단장 선출이다 하며 야단법석이었다. 나는 일곱 살에 학교에 들어갔기 때문에 동급생 중엔 나보다 서너 살 많은 친구들도 있었는데 그 친구들 모두 인민군 의용군으로 나간다는 것이었다.

그래서 나도 어머니에게 의용군에 나가겠다고 말했다가 야단만 실컷 맞았다. 인민군들이 우리 집에 형님들을 잡으러 오자 어머니는 재빨리 형님들을 집 뒤 방공호에 숨겨놓고 대신 소와 마차를 내주었다.

인민군들은 그 뒤에도 큰형님에게 무슨 감투를 주겠다며 계속 찾아왔다. 짐작컨대 우마차를 끌 사람이 필요했던 것 같다. 하지만 어머니는 형님들을 인민군 앞에 얼씬도 못하게 했고 그래서 우리 형제들은 무사히 그 기간을 넘길 수 있었다. 키가 작은 나에게는 의용군에 나가라는 인민군도 없어서 우리 네 형제는 한국전쟁 중에 아무런 해도 입지 않았다.

9월 28일 서울 수복과 함께 인민군들이 수원을 떠났다. 하지만 전쟁이 끝난 건 아니었다. 학교는 폭격으로 폐허가 되어 문을 열지 않았다. 수원은 여기저기 부서지고, 피난간 사람들은 미처 다 돌아오지 않아 수원은 황량하기 그지없었다.

그때도 변함없이 나는 친구들과 어울려 광교산에서 나무를 했다. 나무를 다하고 나면 우리는 수원교도소 자리에 주둔하고 있던 미군 24사단 21연대 막사로 몰려갔다. 재수 좋으면 초콜릿이나 껌 같은 걸 얻을 수 있었기 때문이다. 하루는 친구들과 함께 교도소 울타리에 나무 지게를 받쳐 놓고 구경을 하고 있는데 미군 하나가 다가왔다. 우리를 유심히 살피더니 나를 가리키며 들어오라는 손짓을 했다. 우리는 모두 눈이 둥그래졌다. 친구들은 빨리 들어가 보라고 재촉했다. 학교에서 영어를 배우기는 했지만 단어 몇 개 겨우 아는 실력이라 나는 걱정이 되었다.

미군은 나를 막사 안으로 데리고 가더니 손으로 난로를 가리키면서 불을 지펴달라는 시늉을 했다. 나는 논두렁에 박아놓은 말뚝을 뽑아와서 난로 불을 피워주었다. 불을 피우자 이번에는 그 불을 지키고 있으라는 시늉을 했다. 미군이 나가고 불을 지키면서 주변을 보자니 몹시 지저분했었다.

나는 어릴 적부터 큰형수를 도와 집안 일을 거들었다. 학교에 빨리 가려면 집안도 치우고 부엌에서 형수가 만든 음식을 대청으로 날라야 했던 것이다. 그래서 그 지저분한 막사 안에서 집에서 하던 대로 담요도 내다털고 식기도 닦았다. 또 바닥도 쓸고 흙 묻은 구두도 닦아놓았다. 테이블 정돈까지 끝내자 그 미군이 들어왔다. 그는 눈이 둥그래져서 막사 안을 둘러보았다.

"오, 원더풀!"

그 말뜻은 분명히 알아 들을 수 있었다. 그는 흡족한 미소를 지으며 나에게 쿨 담배 한 상자와 초콜릿, 막대 사탕을 주었다. 당시 쿨, 럭키 스트라이트, 카멜, 체스트필, 필립 모리스같은 미국 담배는 현찰과 다름없었다. 그 가운데서도 가장 비싼 담배인 쿨은 한 갑에 사천 환 정도였다. 굳이 나무 값으로 따진다면 다섯 짐은 족히 되는 액수였다. 나무 석 짐이면 쌀 한 말을 살 수 있었으니 이 담배가 얼마나 비쌌는지는 쉽게 계산이 될 것이다.

그러면서 미군은 나에게 내일 또 오라고 했다. 나중에 안 일이지만 나는 하우스보이로 채용된 것이다. 전쟁 중이었으니 어른들에게도 미군부대는 최고의 일터였다. 친구들은 모두 내가 하우스보이가 된 것을 부러워했다.

"너, 미국에 가고 싶지 않니?"

다음날도 친구들과 함께 미군 막사 앞에 갔는데 그 군인은 또 나만 들어오라고 했다. 나는 전날과 마찬가지로 난롯불이 꺼지지 않도록 지키면서 막사를 청소하며 총과 군화를 닦고 담요와 슬리핑백을 햇볕에 내다 말렸다. 어릴 때부터 논밭에 나가 일을 하고 나무를 했던 내게 그런 일은 아무래도 식은 죽 먹기였다.

이렇게 내가 미군에게 받아온 담배와 통조림 등은 어머니가 양키시장에 내다팔았다. 인민군들이 형님을 '대신해' 소와 마차를 가지고 가버렸기 때문에 우리 집은 빈털털이나 다름없었다. 어머니는 내가 미군 부대에서 일하는 것을 안쓰러워하셨지만, 아무튼 내가 벌어오는 것은 우리 집 살림에 큰 보탬이 되었다.

그러던 중, 수원교도소 마당을 가득 채웠던 미군 막사가 하나 둘씩 줄어들기 시작했다. 중공군이 남하함에 따라 미군도 남쪽으로 이동해야 했다. 천막이 서너 개밖에 남지 않았을 때 미군들은 나에게 함께 내려가자고 말했다. 미군이 수원에 머문 시간은 일주일 정도에 불과했다. 나는 수원에 있어봐야 고작 친구들과 나무하러 다니는 일이 전부일 거 같고 미군을 따라가면 영어도 배울 수 있을 것 같아서 그들과 함께 가고 싶었다. 그러나 막내인 나를 너무나 사랑하셨던 어머니는 기겁을 했다.

"전쟁통에 가긴 어딜 간단 말이냐? 죽어도 같이 죽고 살아도 같아 살아야지. 양키 물건도 반갑잖다. 미군 따라갈 생각일랑 아예 말아라."

결국 나는 미군 따라가는 것을 포기하고 미군들이 버리는 물건을 줍기 위해 삼태기를 메고 부대로 갔다. 미군들은 나를 보자 또다시 함께 가자고 했다. 집으로 돌아와 나는 다시 한 번 어머니를 졸랐다. 안 된다고 하는데도 계속 가겠다고 고집을 피우자 어머니는 "죽으려면 가라!"고 소리치셨다. 어머니 입에서 어쨌든 가라는 소리는 나온 것이다. 나는 쏜살같이 달려 미군부대로 가서 트럭에 올라 탔다.

대전에서 하룻밤 묵고 경산에 도착해 막사를 세우는 작업에 들어갔다. 막사가 완성되자 나는 네 개의 막사 가운데 한 곳에 배치되었다.

막사 하나에는 스무 명 정도의 미군들이 생활했다. 수원에서는 출퇴근했으나 이제는 스물네 시간 미군들과 함께 있으면서 그들의 시중을 들어 주어야 했다. 진짜 하우스보이가 된 것이다.

당시 알아듣는 영어라고는 겨우 '헬로우'나 '컴온' 정도였지만 나는 내 눈치껏 그들의 말을 알아 들었다. 미군들은 '장환'이라는 이름이 어렵다며 자기들끼리 의논하더니 나에게 빌리(Billy)라는 이름을 지어 주었고 나는 이때부터 영어 이름으로 빌리를 사용했다.

막사에서 나는 부지런히 청소를 하고 미군들의 심부름을 했다. 또

배가 출출하다는 사람에게는 달걀을 삶아서 나눠주었다. 백인이든 흑인이든 모두 나를 귀여워했으며 어떻게든 자기가 가진 물건을 하나라도 더 주려고 애썼다.

하우스보이에겐 별도의 월급은 없다. 미군들은 닷새마다 한 번씩 보급품을 받았는데 그 가운데 남는 것이 바로 내 노동의 대가인 셈이었다. 그때 미군 보급품에는 담배, 초콜릿, 커피, 통조림, 시레이션, 양말, 속내의, 파커 등등 별 희한한 물건이 다 있었다. 나는 미군들이 주는 물건을 차곡차곡 모아 놓았다.

막사에서 나오는 빨래는 동네 아주머니들에게 맡겼는데, 빨래를 하고 나면 그들에겐 군표가 주어졌다. 군표를 모으면 나중에 달러로 바꿔주었다. 나는 어떻게든 돈을 모아야겠다는 생각에서 손수건이나 양말같은 작은 빨래는 직접 빨아서 군표를 모았다. 전쟁이 끝나면 꼭 다시 학교를 다니기 위해서였다.

미군들은 잘해줬지만 가끔 어머니 생각이 나 울적했다. 하지만 영어도 배우고 돈도 모으기 위해서는 어쩔 수 없었다. 다른 막사의 하우스보이들과 종종 어울리면서 미군에게서 얻은 하모니카를 불거나 시어스 로벅이라는 백화점의 카탈로그를 보곤 했다. 그 책자에는 한 번도 보지 못한 온갖 진귀한 물건들이 있었다. 미군들이 매주 받는 보급품과는 비교도 되지 않는 물건이었다. 미국이라는 나라가 얼마나 부자인지 도무지 상상이 되지 않았다.

그러던 어느 날이었다. 그날도 난 막사 앞에서 혼자 하모니카를 불

영어를 모르는 하우스보이

딱히 아는 제대로 된 영어 한마디 없었다. 하지만 나는 가난이 가르쳐준 성실함으로 열심히 일했다. 이런 나를 미군들은 한결같이 아껴주었고 이곳에서 나는 우리 집안의 생계를 꾸려가면서 내 미래에 대한 설계도도 그릴 수 있었다.

고 있었는데 다른 막사의 병사가 나에게 다가오더니 이렇게 물었다.

"너 빌리라고 하지? 나는 칼 파워스 상사야. 너, 미국에 가고 싶지 않니?"

내가 고개를 끄덕이자 그는 밝게 웃었다. 나에게는 '미국에 데려가겠다'고 말했다가 제대할 때 그냥 가버린 미군들이 많았기 때문에 그의 말을 대수롭지 않게 여겼다. 하지만 칼 파워스 상사는 달랐다.

나의 은인 칼 파워스 상사

그때 칼 파워스 씨는 나보다 여섯 살 위인 스물두 살이었다. 그가 1990년 초에 펴낸 회고록 「한마음의 소리 (A Heart Speaks)」를 읽고서야 나는 나를 미국으로 데려간 이유를 정확히 알 수 있었다.

"트럭에서 내리는데 한 소년이 눈에 띄었어요. 트럭 옆에 서서 마치 그 미군들과 오랫동안 알고 지낸 것처럼 깍듯이 인사를 하고 있었던거죠. 문화와 피부색이 다른 한 작은 소년이 미군들에게 신뢰감을 가지고 존경과 헌신, 친절과 온유함을 보이는 모습은 참으로 감동적이었습니다."

당시에 나는 그의 마음을 잘 알 수 없었지만 이 책을 읽고 큰 감동을 받았다.

미국 버지니아주 단테에서 고등학교를 졸업하고 곧바로 입대한 파워스 상사는 1950년 여름 일본을 거쳐 한국에 오게 되었다. 폭격을 피해 남쪽으로 내려오면서 부모와 생이별한 어린이들을 보자 마음이 몹시 아팠다고 한다. 그 광경을 보면서 마음속으로 자신이 단 한 명이라도 전쟁에서 구해내야겠다는 결심을 했다는 것이다.

칼 파워스 씨는 나를 미국에 데려가기로 결심하고 다음날부터 나에게 영어를 가르쳐주었다. 하지만 우리는 곧 헤어질 운명이었다. 미군이

평생의 은인 칼 파워스 씨
만약 칼 파워스 씨를 만나지 못했다면 오늘의 김장환은 없었을 것이다. 하나님이 나를 위해 준비해 주신 선물 칼 파워스 씨. 나에게 보여준 그의 커다란 헌신과 사랑은 내 맘 속에 평생 가도 잊지 못할 감동으로 자리하고 있다.

북쪽으로 진격할 때 내가 하우스보이로 일하고 있던 부대원들과 파워스 상사가 소속된 부대원들이 맡은 임무가 서로 달랐기 때문이다. 나는 다시 한번 '내 주제에 무슨 미국!' 이라고 마음을 달래며 기대를 접었다.

우리 부대가 잠시 안성에 머무를 때 나는 그 동안 모은 담배와 초콜릿, 통조림 등을 나무궤짝에 담아 수원 집으로 향했다. 어머니는 나를 보자마자 버선발로 뛰어나오셨다. 늘 나 때문에 노심초사하시다가 물건을 잔뜩 갖고 온 나를 보고 깜짝 놀라셨다. 나는 그 물건을 큰형님에게 주면서 이렇게 말했다.

"형님, 이 물건을 팔아서 소와 마차를 사세요. 그 대신 나중에 전쟁이 끝나면 나를 학교에 보내주세요."

내가 미군 물건을 잔뜩 갖고 왔다는 소문에 동네 사람들이 구경을 올 만큼 나의 등장은 화제가 되었다. 가족들은 이제 가지 말고 함께 있자고 했지만 나는 다시 미군부대로 돌아갔다.

우리 부대는 다시 북한강으로 이동했다가 부평으로 옮겨 자리를 잡았다. 칼 파워스 상사는 우리가 안성으로 옮길 때 전방으로 이동했고 그렇게 그와 난 헤어졌다.

그러다 미국에 대한 꿈을 잊어갈 때인 1951년 봄 느닷없이 파워스 상사가 부평에 있는 부대로 나를 찾아왔다. 그것도 미국 사우스 캐롤라이나주에 위치한 밥 존스 고등학교의 입학원서를 들고서 말이다.

"내가 동료들에게 물어보니까 밥 존스가 외국 학생들이 다니기에 좋은 학교라는구나. 여기다 사인해. 이걸 밥 존스에 보내서 입학허가가 떨어지면 넌 미국 가서 공부하는 거야."

다른 군인들과 달리 칼 파워스 상사는 입학원서까지 갖고 와서 내 사인을 받아갔지만 그때까지도 내가 미국에 간다는 것은 도무지 상상이 가지 않는 일이었다. 요즘과 달라서 화면에서라도 미국을 본 적이 없을 뿐만 아니라 내 주변에서 해외에 나간 사람이 한 명도 없었으니 더더욱 실감나지 않았던 것이다. 하지만 뭔가 새로운 일이 생긴다는 것에 가슴이 두근거렸다. 하지만 그에게선 또다시 연락이 없었다.

초가을이 되어서야 파워스 상사는 밥 존스 고등학교 입학허가서를 들고 나를 찾아왔다. 막상 그가 입학허가서를 들고 오자 겁이 덜컥 났다. 영어도 못하는데 미국에 가서 어떻게 공부하고 가면 또 언제 올지 걱정이 마구 밀려왔다. 나는 더듬거리며 핑계를 댔다.

"나는 키도 작고. 영어도 못해요. 아마 어머니도 못 가게 할 거예요."

"키는 자랄 거고 영어는 배우면 된단다. 너의 어머니에겐 내가 허락을 받을거야."

이렇게 말하는 칼 파워스 상사의 눈에는 눈물이 맺혔다. 이제는 나도 더 이상 버틸 수가 없었다. 나를 위해 진심으로 애쓰고 있다는 것을 그제야 느낄 수 있었던 것이다. 파워스 상사는 5월 25일, 그러니까 입학허가서가 온 다음날 미국으로 귀환하라는 명령이 떨어졌지만 나를 미국에 데려가기 위해 한국근무 연장신청을 했다. 가슴이 뭉클했다.

칼 파워스 상사는 통역자를 구해서 나와 함께 수원 우리 집으로 갔다. 어머니는 내가 미군과 함께 들어오자 깜짝 놀라시더니 통역의 설명을 듣고 깊은 생각에 잠기셨다. 수원에서 다른 지방으로도 못 가게 하셨으니 당연히 미국에 못 가게 할 줄 알았던 어머니는 가면 얼마나 있게 되는지, 그리고 어떤 학교인지를 구체적으로 묻는 것이었다. 칼 파워스 씨는 적어도 십 년은 걸린다고 대답했다. 그때 어머니의 나이가 예순이었으니 이제 헤어지면 다시는 못볼수도 있다는 생각이 앞섰을 것이다. 어머니의 눈에서 눈물이 주르르 흘렀다. 그리고 잠시 후 어머니가 무거운 입을 열었다.

"예, 장환이를 데려가세요. 미국 선생님께 맡기겠어요. 미국 선생님 눈을 보니 믿음이 생깁니다."

그토록 학교 다니고 싶어 하는 내 심정을 아시는 어머니는 나를 무작정 잡을 수는 없으셨던 것 같다. 나는 어머니의 허락이 떨어지자 '후' 하는 안도의 한숨이 나왔다.

내가 함께 가서 수속을 밟아야 할 일도 있어 하우스보이 생활은 그쯤에서 그만두어야 했다. 그때까지 1년 가까운 하우스보이 생활을 통해 내가 배운 것은 참으로 많았다. 당시 미군부대에서 물건을 훔쳐 나가는 한국 어른들이 많았지만 미군들은 남의 물건에 절대 손대지 않았다. 우리나라 사람들의 얼굴에는 웃음이라곤 없었지만 미군들은 전쟁터에서도 웃고 떠들었다. 미군들은 근무시간에는 누가 보든 안 보든 자신이 맡은 일을 열심히 했으나 한국 사람들은 보는 사람 없으면 일 안하고 놀다가 누가 오면 열심히 일하는 척 했다.

그런 그들을 경험하면서 나는 정직과 근면, 명랑함을 내 삶의 좌표로 잡았다. 또한 소년 시절부터 일을 하면서 터득한 민첩함과 더불어 물건을 알뜰히 관리했던 습성은 훗날 교회 운영과 극동방송 경영에 많은 도움을 주었다. 그때 나에게 가장 감동을 준 것은 아무런 대가도 바라지 않고 나를 위해 백방으로 뛰는 칼 파워스 씨의 정성이었다. 기회가 있을 때면 남을 돕겠다는 나의 철학은 거저 생긴 것이 아니었다.

드디어 미국으로

파워스 씨는 어머니의 허락을 받자 속히 나의 미국 유학 수속을 시작했다. 전쟁 중인데다 미성년자가 해외에 가는 것은 거의 불가능할 때였다. 그럼에도 나의 비자를 얻기 위해 백방으로 뛰어다니는 칼 파워스 상사의 모습을 보면서 나는 다시금 삶의 자세를 배웠다.

나라는 하찮은 존재를 위해 제대를 연기하면서까지 사지(死地)에 남았던 파워스 상사의 그 용기는 정말 감동적이었다.

1951년 9월에 파워스 씨는 나를 데리고 부산에 있는 미국대사관과 한국 정부에 가서 출국 절차를 밟기 시작했다. 모든 수속이 끝났는데도 비자는 나오지 않았다. 파워스 씨는 서류를 통과시키고 비자를 받기 위해서 계속 제대를 연기해야 했다. 파워스 씨는 백낙준 문교부장관과 변영태 외무부장관에게 탄원도 하고 진정서도 제출하는 등 여러 방면으로 뛰어 드디어 비자를 받아냈다.

이때 나에겐 또다른 소중한 인연이 주어졌다. 임시 정부가 있던 부산과 수원 집을 오르내릴 때 나를 도와준 한봉직이라는 헌병이 바로 그 주인공이다. 그는 동그란 얼굴의 나를 귀엽게 보고 수원으로 갈 때는 헌병차에 태워주고 부산에 있을 때는 과자도 사주고 잠자리도 마련해 주는 등 내가 출국할 때까지 정성으로 돌봐주었다.

1962년 유학을 마치고 수원에서 목회 활동을 하고 있을 때 수원에 다니러 온 한봉직 씨의 장인이 나를 수소문해서 찾아와 그가 강원도 고성에서 건어물을 다루는 사업을 한다고 알려주었다. 그 길로 강원도 고성으로 달려가서 그를 만났으며 그 후 가족들끼리 만남을 가져 지금까지 만나는 사이로 깊어졌다.

그러나 한봉직 씨는 1979년 마흔 여덟의 젊은 나이로 감전 사고를 당해 갑자기 유명을 달리했다. 그 부인은 나에게 남편을 우리 선산에 묻게 해주었으면 좋겠다고 했다. 나는 장례예배를 집전하고 한봉직 씨를 우리 선산에 모셨다. 뒤에 우리 선산 자리가 개발되면서 한봉직 씨의 묘는 다시 우리 교회 묘지로 이장됐다. 현재 한봉직 씨의 아들인 한병혁 목사는 우리 교회에서 목회하다가 지금은 극동방송 지사장으로 함께 일하고 있다. 이렇게 2대에 걸친 소중한 인연을 만난 것도 그 무렵이었다.

1951년에 일반인이 미국에 가는 방법은 미국에서 부산으로 보급품을 싣고 왔다가 돌아가는 배를 이용하는 수밖에 없었다. 비자가 나오자 파워스 상사는 408달러 짜리 배표를 사주었다. 배표를 손에 넣게 되자 드디어 미국으로 간다는 생각에 가슴이 뛰었다. 나는 수원으로 가서 어머니에게 정말로 미국에 가게 되었다는 소식을 전했다. 어머니는 내가 입고 있던 미군 군복을 줄인 옷에다 부적을 실로 꿰매 주셨다. 그리고는 흙을 한 주머니 담아 실로 묶어 주셨다.

"장환아, 고향 생각이 나면 물에다 흙을 조금 넣고 끓여 먹어라. 그러면 향수병이 좀 가실 게다. 엄마가 옷에다 부적을 붙여놨으니 누가 해코지는 못할 게다."

어머니는 다시 못 볼지도 모를 아들과 이별하는 일이 쉽지 않으셨겠지만 내 앞에서 눈물을 보이지 않으시려고 애썼다. 공부하고 싶어 하는 막내아들이 소원을 이루게 되었는데 마음을 약하게 보여서는 안 된다는 생각이셨을 것이다. 가족들도 내가 미국에 가는게 도무지 실감이 나지 않는지 어안이 벙벙한 표정이었다.

친구들은 내가 곧 미국으로 떠난다고 하자 정말이냐고 몇 번이나 되물었다. 주변 사람들에게 작별인사를 하자 미국에 간다는 것이 더욱 실감났다. 1951년에 열일곱 살의 고등학생이 유학을 떠난다는 것은 기적에 가까운 일이었다.

부산으로 내려와서 배가 출발하기 전까지 한봉직 씨와 부산 거리를 돌아다녔는데 곧 떠난다고 생각하니 벅찬 가슴을 억누를 길이 없었다.

무엇보다 공부를 계속할 수 있게 되었다는 것이 너무도 기뻤다. 며칠 후 드디어 배가 떠난다는 연락이 왔다. 한봉직 씨가 부두까지 나와서 나를 환송해 주었다.

1951년 11월 12일의 일이었다.

칼 파워스 상사는 나 때문에 여섯 번이나 연장한 근무기간이 12월 8

일에야 끝나게 되어 결국엔 나 혼자 떠나야 했다. 칼 파워스 씨는 나에게 샌프란시스코에 가면 마중 나올 사람이 있으니 걱정하지 말라며 다시 근무지로 돌아갔다.

뚜우 하는 긴 뱃고동 소리와 함께 배가 부산을 떠나 망망대해로 나서자 그제야 마음 한켠에서 불안감이 서서히 밀려왔다. 칼 파워스 씨가 왜 나를 미국으로 보내려는걸까 하는 불안한 마음이 들기도 했다.

미국 사람들은 흑인을 데려다 노예로 삼는다는데 혹시 나를 노예로 삼으려고 하는건 아닌가 하는 의심이 들기도 했다. 하지만 그런 고민을 오래 할

미국행 배 선상에서

필요도 없이 멀미가 몰려 왔고 이틀 정도 속이 뒤집히도록 멀미를 하고 나니 나는 이미 태평양 위에 떠 있었다.

겨우 정신을 가다듬은 나는 갑판 위에서 달을 올려다보며 조용히 다짐했다. 미국에서 열심히 공부할 것이며, 공부를 마친 뒤에는 꼭 다시 한국으로 돌아와 사회에 유익한 인물이 되겠노라고 말이다.

밥 존스의 벙어리 빌리

1951년 12월 23일 미국 샌프란시스코에 도착했을 때, 금문교 위로 석양이 물들고 있었다. 배가 서서히 항구에 다가가자 건물마다 전등불로 장식한 반짝이는 크리스마스 트리가 보였다. 나는 눈앞에 펼쳐진 믿을 수 없는 광경에 입이 벌어졌다. 그때만 해도 우리나라는 전기가 들어오지 않아 호롱불로 밤을 밝혀야 했다. 나는 한달이 넘도록 배를 타고 온 피로도 잊은 채 얼이 빠진 표정으로 샌프란시스코의 야경을 바라봤다.

"하이, 빌리!"

어리벙벙한 얼굴로 배에서 내려오는데 부평에서 하우스보이로 일할 때 만난 적이 있는 하임 중위와 그의 친구가 나를 기다리고 있었다. 칼 파워스 씨의 부탁으로 나를 마중 나왔던 것이다. 하임 중위와 함께 입국 수속을 끝내고 그의 집으로 갔다. 새로운 세상에 도착한 흥분으로 가슴이 울렁거렸다. 하임 중위의 가족들은 나를 따뜻하게 맞아주었다.

미군 군복을 줄여 입고 온 내가 보기에 안됐던지 다음날 하임 중위의 어머니는 나를 백화점으로 데리고 가서 새 옷을 사주었다.

그때만 해도 미국에 동양 사람이 많지 않아서인지 어디를 가든 사람들은 나를 뚫어져라 쳐다봤다. 그 시선을 견뎌내는 것이 미국에서 내가 가장 먼저 극복해야 할 문제였다. 게다가 전쟁 중인 나라에서 왔다는 걸 알고 누구나 불쌍한 표정으로 나를 바라봐 그 눈길도 견디기 힘들었다.

나보다 두 달 먼저 귀국한 하임 씨는 휴가를 얻어 3주 동안 잘 보살펴 주었다. 돌이켜보면 많은 사람들의 도움을 받아 오늘의 자리에 이르렀다. 그런데 나는 당시에는 그런 것을 잘 느끼지 못했다. 그저 그 집에 있으면서 왜 빨리 칼 파워스의 집에 데려다주지 않는지, 그리고 학교는 정말 갈 수 있는 건지 하는 걱정만 했던 기억이 난다.

어느덧 1월 중순이 되었다. 입학원서에 1월 23일이 2학기 개학일이라고 나와 있어 점점 더 마음이 초조해졌다. 마침 칼 파워스 씨의 형 카멘 파워스 씨로부터 연락이 왔다. 하임 씨는 내가 혼자서 오하이오까지 가야 한다며 버스 정류장에 데려다 주었다. 하지만 버스 회사에서는 혼자 가다가 제대로 갈아 타지 못해 길을 잃어버리면 소송에 걸려 귀찮아진다며 차표를 팔지 않았다. 기차도 마찬가지였다. 하는 수 없이 비행기를 타러 갔는데 이번엔 항공료가 부족했다. 항공료가 156달러였는데 내가 가진 돈이라곤 칼 파워스 씨가 준 100달러와 내가 빨래를 해서 모은 돈 30달러가 전부였다. 하임 중위는 78달러짜리 반표를 사와서 누가 물으면 무조건 'No speaking English'라고 답하라고 했다. 그때 내 나이는 열일곱 살이었지만 열한살 먹은 미국 아이들과 키가 비슷하니 괜찮을 거라며 그런 꾀를 낸 것이다.

당시 여권은 큰 종이 한 장으로 되어 있었는데 한글과 한문으로만 표기가 되어 있었고 생년월일도 서기가 아닌 단기로 표시되어 있었으니 걱정할 일도 없었다. 나는 반표를 갖고 TWA 항공을 타고서 혼자 무사히 오하이오까지 갔다.

오하이오에는 하임 중위의 전화 연락을 받은 카멘 파워스 씨가 마중나와 있었다. 거기서 다시 일주일 동안 기다렸다가 주말이 되서야 아홉 시간이나 걸리는 버지니아주의 칼 파워스 씨 집으로 향했다.

작은 소도시인 단테에서도 한참 더 들어가는 산골짜기에 있는 칼 파워스 씨의 집으로 가는 동안 실망스런 마음이 들었다. 미국은 어디를 가든 다 화려한 줄 알았는데 파워스 씨의 집은 수원보다 더 시골인 산중에 있었던 것이다. 어디를 둘러봐도 학교가 있을 것 같지 않았다. 정말로 내가 목화밭에서 일하는 노예가 되는 건 아닌가 하는 두려움이 밀려들었다.

칼 파워스씨의 본가

드문드문 있는 집들을 지나쳐 집이 딱 두 채밖에 없는 산 아래에서 자동차가 멈췄다. 정말 이상하다는 생각을 하면서 자동차에서 내렸을 때 칼 파워스 씨가 달려나오는게 보였다. 나는 그제야 마음을 놓고 그에게 안겼다. 칼 파워스 씨의 부모님과 남동생,

외삼촌 가족들도 나와서 나를 반갑게 맞아주었다. 외삼촌 댁에는 내 또래의 아이들도 있어 반가운 마음이 들었다.

그리고 마침내 1952년 2월 3일 사우스 캐롤라이나주 그린빌에 있는 밥 존스 고등학교에 등록을 하게 되었다. 칼 파워스 씨는 버지니아주의 공립학교가 아닌 다른 주의 사립학교에 나를 입학시킨 것이다. 그때까지만 해도 미국 학교에 외국 학생이 유학하는 경우는 흔치 않았다. 칼 파워스 씨는 한국에 있을 때 밥 존스가 외국 학생들에게 친절하다고 했던 동료의 얘기를 듣고 나를 그 학교에 넣은 것이다. 나중에 나는 그의 살뜰한 배려 하나 하나에 너무도 감사했다.

학교 관계자는 나에게 한국 학교 재학증명서와 성적증명서를 가져왔느냐고 물었다. 한국은 전쟁 중이고 빌리의 학교는 불탔다는 파워스 씨의 말에 선생님은 고민하더니 몇 학년이냐고 물었다. 고등학교 1학년이라고 하자 관계자는 중학교 3학년에 일단 들어가서 공부해 보고 못 따라 가면 학년을 더 낮추어야 한다고 하면서 나의 입학을 허락해 주었다.

이미 2학기가 두 주나 지난 상태였다. 나는 밥 존스 중학교 3학년이 되어 학교 기숙사에 들어가고 칼 파워스 씨는 집으로 돌아갔다. 그와 헤어질 때 나는 정말 내가 혼자가 되었다는 생각에 눈물이 뚝뚝 떨어졌다. 나는 기숙사에 들어가서 우리 학교가 기독교 학교라는 것을 알았다. 우리 집안은 대대로 샤머니즘을 신봉했고 그때까지 나는 단 한 번도 교회에 가본 적이 없었다. 칼 파워스 씨도 당시 믿는 사람이 아니었다. 교회에 다니지도 않았다. 그런데 기독교 학교에 들어오게 된 것이다. 이 모든 것은 그저 하나님의 섭리였으리라.

유치원부터 대학원까지 한 울타리 안에 두고 있는 밥 존스 재단은 기독교 교육을 위해 밥 존스 1세가 1927년에 설립했다. 내가 다닐 적엔 유치원과 초등학교는 없었다. 극우 보수로 불릴 정도로 근본주의적인 신학을 신봉하는 유서깊은 기독교 학교이다. 저렴한 학비로 최고 수준의 교육을 받을 수 있는 몇 안 되는 명문으로 꼽히고 있다.

학생들 대부분은 엄격한 규율 아래서 기숙사 생활을 했다. 나는 대학생 세 명과 한방을 쓰게 되었다. 매일 밤 열 시에 몇 개의 방에 있는 학생들끼리 조를 짜서 예배를 드리는 것이 기숙사 규칙이었기 때문에 나는 영문도 모른 채 방을 옮겨 다니곤 했다. 과목 가운데는 채플도 있었지만 교회 문턱에도 못 가본 나로서는 예배드리는 일이 그다지 흥미롭지는 못했다.

당시 밥 존스에는 나 이외에도 동양인 학생이 몇 명 더 다니고 있었다. 그 가운데 한국인은 당시 대학원에 다니고 있던 「죽으면 죽으리라」의 저자인 안이숙 여사와 부군인 김동명 목사뿐이었다. 한국인 학생이 입학했다는 소문은 그들 부부에게도 반가운 소식이었을 것이다.

트레일러를 개조한 집에 살고 있던 두 사람은 나를 초대해 저녁을 차려주고 성경책을 선물로 주었다. 그들도 그때 한 번 본 이후 학교에선 다시 만나지 못했으며 결국 졸업할 때까지 나는 한국 학생을 전혀 만나지 못했다.

나의 학교 생활은 그야말로 악전고투였다. 아는 영어라곤 미군들에게 들은 명령어 몇 마디와 인사, 몇 가지 욕이 전부였다. 미군들이 지시를 하면 나는 눈치와 바디랭귀지로 알아듣는 게 고작이었던 것이다.

첫날 수업에 들어갔을 때의 당혹감은 잊을 수가 없다. 선생님이 나를 소개한 뒤 자리에 앉자마자 수업이 시작되었는데, 모르는 단어투성이인 교과서와 선생님의 빠른 어조, 알아들을 수 없는 발음… 그야말로 나는 졸지에 귀머거리에다 벙어리가 되어버렸다. 쉬는 시간에 친구들이 말을 걸어와도 무슨 말인지 알아듣지 못해 그저 어벙한 얼굴로 앉아 있어야 했다. 그러자 급우들도 더 이상 나에게 관심을 기울이지 않았다.

기숙사에서도 마찬가지였다. 듣지 못하고 말하지 못하니 아무도 나를 가까이 하려 하지 않았다. 게다가 기숙사는 그야말로 지뢰밭이었다. 교사와 기숙사 사감에게 거짓말했다가 들통나면 50점, 팝이나 록 등 세속적인 음악을 듣다가 걸리면 50점 등 갖가지 사안에 벌점을 부과해 한 학기에 150점이 넘으면 퇴학이었다. 학생들끼리 고발하기 때문에 매사에 조심해야 했다. 그런 상황이니 말 못하는 동양 아이에게 누군들 관심을 가지겠는가…

이렇게 학교에도 기숙사에도 도무지 정을 붙이지 못한 나는 견딜 수 없는 외로움으로 걸핏하면 눈물을 흘렸다. 미국 음식은 도무지 입에 맞지 않고 어머니 얼굴만 눈앞에 어른거렸다. 대화상대가 없는 절

대고독 속에서 달만 봐도, 비만 와도 눈물이 주르르 흘렀다. 저녁 노을이 유난히 붉은 날은 그 노을 때문에 베개를 적시곤 했다. 고향 생각이 날때면 기숙사 뒤뜰에 가서 훌쩍 거리며 울다가 노래를 부르곤 했는데 그때는 왜 그리 처량한 노래만 생각났는지 모르겠다.

"해는 져서 어두운데 찾아오는 사람 없어. 밝은 달만 쳐다보니 외롭기 한이 없네…"

노래를 부르다가 엉엉 울었던 기억도 난다. 뜬금없이 동네 어른들이 자주 부르던 유행가까지 생각나서 눈물을 짜곤 했다.

"타향살이 몇 해던가 손꼽아 헤어 보니."

"진주라 천리길을 내 어이 왔던고…"

뼈에 사무친다는 표현이 어떤 것인지 알 것 같았다. 칼 파워스 씨에게 전화해서 당장 한국으로 돌아가게 해달라고 말하고 싶었으나 나를 위해 근무까지 연장하고 가진 돈도 다 쓴 것을 알고 있었기에 차마 그 말을 할 수도 없었다.

그러던 어느 날 옆방에 살던 제리 메이저라는 신학과 학생이 내가 학교에 적응하지 못하고 혼자 떠돈다는 것을 알고 나를 찾아왔다. 그리고 신약성경 요한복음 3장 16절을 펼치더니 읽어보라고 권했다.

'하나님이 세상을 이처럼 사랑하사 독생자를 주셨으니 이는 저를 믿는 자마다 멸망치 않고 영생을 얻게 하려 하심이니라'

제리 메이저는 내가 알아들을 수 있도록 또박또박 설명하면서 바디랭귀지를 섞어 나를 위로하기 위해 애썼다. 나도 용기를 내서 그에게 말을 했다.

"나는 고향집이 너무 그리워서 공부를 할 수가 없어요. 나는 요즘 매일 울고 있어요. 해가 질 때나 달이 떠오를 때면 집 생각이 나서 미칠 것만 같습니다. 정말 괴로워요."

이런 내 말에 제리 메이저는 이렇게 답했다.

"빌리, 예수님은 너의 향수병을 치유하실 뿐만 아니라 네가 도움을 청하면 너의 인생을 책임지실 거야. 자, 한국말로 소리내서 너의 고민을 다 털어놔 봐, 지금 당장."

나는 제리 메이저가 시키는 대로 한국말로 기도하기 시작했다. 내가 얼마나 답답하고 외로운지 얘기하고 나를 도와달라며 울면서 기도했다. 제리 메이저도 옆에서 영어로 간절히 기도했다. 한동안 그렇게 마음 속에 있던 얘기를 다 털어놓자 속이 후련해지면서 거짓말처럼 마음이 평안해졌다. 지금 돌이켜봐도 순식간에 마음이 평온해진 사실이 신기하기만 하다. 너무나 외로웠기에 하나님을 받아들이는 일에 아무런 갈등이 없었던 거라고 생각한다. 고향 생각에 눈물지으며 외롭게 보내던 때라 예수 믿으면 외롭지 않다는 말이 가슴에 와 닿았던 것이다. 그날부터 나는 신기하게도 외로움을 이기고 용기를 갖게 되었다.

하지만 공부는 의욕만으로 되는 게 아니었다. 영어의 장벽은 너무도 높아 여전히 나는 수업시간에 멍하니 앉아 있어야 했다.

최선을 다하면 잘될 거야

　선생님들은 방과 후에 돌아가면서 나에게 영어를 가르쳐주었다. 나도 마음을 다잡고 특별 수업에 매달렸다. 말을 못해 아이들과 어울릴 수 없으니 방과 후 시간은 온전히 영어 공부에 쏟을 수 있었다. 나와 함께 방을 쓴 제리 톰슨이라는 대학생도 적극적으로 나의 공부를 도와 주었다. 이렇게 여러 사람들의 도움으로 나의 영어 실력은 아주 조금씩 나아졌지만 여전히 수업을 따라가기에는 역부족이었다. 결국 힘들게 첫 학기를 마치고 시험을 봤을 때는 예상대로 전 과목이 F였다. 하지만 선생님들은 내가 열심히 하는 모습에서 희망을 보았다면서 모든 과목을 D로 올려주어 낙제는 면할 수 있었다.

　여름방학을 맞아 버지니아주 칼 파워스 집으로 갔다. 가족들은 모두 나를 반겨주었다. 내가 낙제를 받지 않았다는 사실이 그렇게 신기했던 모양이다. 칼 파워스 씨 집에서 방학을 보내면서 나는 그가 어려운 형편에도 나를 공부시킨다는 것을 알았다. 칼 파워스 씨도 사범대학에 진학해 공부했는데 군인 장학금으로 둘이 공부하기에는 힘들었다. 코카콜라 한 병에 5센트하던 그 시절에 일년에 내가 내야 할 학비는 무려 730달러나 됐다. 나는 버지니아 공립학교 가면 돈이 안 든다는

밥존스 유학 시절

미24사단 마크가 붙은 너덜더덜한 군복을 기워 입고 미국으로 떠났던 소년 김장환은 밥 존스에서 다시금 빌리 김으로 새롭게 태어났다. 밥 존스에서 내가 배울 수 있었던 미국인들의 정직과 근면, 명랑함은 훗날 나의 생활에 많은 지침이 되었다.

사실을 알고 파워스 씨에게 2학기 때는 공립학교에 가겠다고 말했더니 밥 존스가 마음에 들지 않느냐고 물었다. 나는 친구들도 많이 사귀고 좋다고 얘기하자 그는 이렇게 말했다.

"학비 걱정은 마. 이 형이 마련할 테니까. 넌 그냥 공부만 열심히 하면 돼. 대신 여름방학도 헛되이 보내면 안되니까 여기 공립학교 섬머스쿨에 몇 과목 신청해. 여기서 딴 학점도 밥 존스에서 인정되니까. 빨리 공부를 마치고 어머니께 돌아가서 한국을 위해 훌륭한 일을 해야 하지 않겠니?"

파워스 씨는 나를 좋은 환경에서 공부하게 해 무사히 한국으로 돌려 보내는 것을 그의 사명으로 알았다. 나로서는 더 열심히 공부하는 것 만이 그의 은혜를 갚는 길이었다.

방학이 끝나고 9월에 학교로 돌아간 나는 바로 고등학교에 들어갔다. 9월에 학기가 시작되기 때문에 중학교를 한 학기 만에 끝내버린 것이다. 고등학교 수업에 들어가자 선생님의 말이 조금씩 귀에 들어오기 시작했다. 하지만 여전히 모르는 단어투성이의 빽빽한 교과서를 이해하기는 힘들었다. 나는 방과 후에 교무실에 남아서 선생님께 집중적으로 과외 수업을 받았다. 선생님들은 동양에서 온 아이를 위해 최선을 다해 공부를 도와주었고, 고등학교 한 학기를 마쳤을 때쯤, 드디어 나는 웬만한 책은 읽고 이해할 정도가 되었다.

방과 후에 학교에서는 재미있는 일들이 많이 벌어졌다. 매일 축구시

합을 비롯한 각종 운동경기가 있었고 각종 이벤트도 열렸다. 선생님들은 내게 가끔은 나가서 놀아도 된다고 말했지만 그럴 때마다 나는 고개를 가로저었다. 밖에서 노는 아이들과 영어 실력이 똑같아질 때까지 나는 절대 놀지 않기로 결심했다. 선생님들도 나의 그런 모습을 보고 더 열심히 공부를 가르쳐주었다.

나는 공부가 어려울 때나 울적할 때면 최선을 다하면 잘될 거라며 나를 달래곤 했다. 열심히 하면 할수록 눈과 귀가 밝아져갔다. 그에 따른 환희도 대단한 것이었다. 하지만 여전히 친구들에게는 마음놓고 말하지 못했다. 그저 친구들이 얘기하면 다 이해하지 못해도 웃어주는 수준이었다. 그러던 중 내가 자신감을 얻을 수 있는 결정적인 계기가 생겼다.

고등학교 2학년 때 게시판에 전국 고등학생 웅변대회가 열린다는 공고가 붙었다. 전국대회에서 일등을 하면 아이젠하워 대통령상과 부상으로 TV를 준다는 것이었다. 나는 그 공고문을 읽으면서 일등을 해서 칼 파워스 씨에게 TV를 선물하면 얼마나 좋을까 하는 생각을 했다.

그런 생각을 하다가 나는 그 자리에서 대회에 나가기로 결심하고 웅변 담당인 유니스 리스 선생님을 찾아갔다.

"선생님, 저 웅변대회 나가고 싶은데, 저도 나갈 수 있을까요?"

"당연하지. 네가 처음 우리 학교에 왔을 때는 말 한마디도 못했지만, 지금은 어떠니? 이렇게 네 의사를 표현하고 있잖아. 웅변 원고를 써와.

우선 원고가 통과되어야 대회에 나갈 수 있단다."

한국전쟁 때 하우스보이로 일하면서 느낀 점에 대해 쓴 내 원고는 쉽게 통과되었다. 미군들이 다른 나라의 자유를 지키기 위해 고귀한 생명을 바치는 것에 대한 나의 생각을 밝힌 글이었다. 유니스 리스 선생님은 원고 내용에 크게 만족하면서 나를 적극적으로 돕겠다고 약속했다. 문제는 발음이었다. 특히 R과 L 발음이 잘 되지 않았다. 나는 입에 구슬을 물고 하루에 몇 시간씩 연습했다. 얼마나 열심히 했던지 입에서 피가 났다. 나는 웅변대회에서 반드시 일등을 해야겠다는 결심으로 사력을 다해 대회 준비를 했다.

"벙어리 빌리가 어떻게?"

지금 생각해도 그것은 기적의 연속이었다.

영어 한마디 모르는 상황에서 미국에 온 지 불과 2년 만에 밥 존스 고등학교 웅변대회에서 일등을 했다.

당시 밥 존스 고등학교 최대의 화제는 '벙어리 빌리가 어떻게?' 였다. 하지만 사실 밥 존스 예선만 해도 나에게는 버거웠다. 6백여 명이 모인 강당에서 벌어진 예선에는 10명 정도가 참가했다. 내 차례가 되자 나는 수원에서 집 뒷산에 올라가 치맛바람에 밀려 웅변대회에 나가지 못한 울분을 토하던 때를 떠올렸다. 미국으로 떠나는 아들에게 흙을 담아주던 야윈 어머니의 모습도 아른거렸다. 그러자 TV를 내 품에 안고야 말겠다는 오기가 생겼다.

유학 온 첫해, 영어를 못해 벙어리처럼 지낸 것을 기억하고 있는 친구들은 내가 거의 완벽에 가깝게 R과 L을 발음하자 믿지 못하겠다는 반응을 보였다. 역시 입에 피가 나도록 연습한 보람은 있었다. 무엇이든 노력한 만큼 거두는 법이라는 걸 다시금 깨닫는 순간이었다.

일등을 하자 나에게 웅변을 가르쳐준 유니스 리스 선생님과 방과 후 가장 열심히 영어를 가르쳐준 메카운 선생님이 자기 일처럼 기뻐했다.

 반 친구들과 기숙사 형들도 내가 웅변대회에서 일등했다는 사실이 믿어지지 않는다는 표정이었다. 나는 일등을 했다는 기쁨보다도 잘 하면 정말로 칼 파워스 씨에게 TV를 선물할 수 있을지도 모른다는 기대에 부풀었다.

 그 바람이 간절했기 때문일까? 나는 우리 학교가 있는 그린빌시 예선을 거뜬히 통과하여 사우스 캐롤라이나주 대회가 열리는 콜롬비아시로 갔다. 자그마치 3백 명이 경합을 벌이는 대회였다. 여기서도 나는 다시 일등을 거머쥐었다.

 전국대회에선 녹음 테이프로 심사를 했는데, 나는 당당히 50개주 참가자 가운데 일등을 했다. 유니스 리스 선생님과 함께 윌리암스버그에 가서 시상식에 참석해 아이젠하워 대통령상을 받았으나, 상 이름과는 달리 대통령이 직접 수여하지 않아 섭섭했다. 리스 선생님이 트로피를 쓰다듬을 때 내 눈길은 부상으로 받은 TV에 꽂혀 있었다. 드디어 칼파워스 씨의 은혜를 조금이라도 갚을 기회가 온 것이 너무도 기뻤다.

시상식 후 웅변 선생님과 함께

 일약 나는 스타가 되었다. 밥 존스의 에드워드 학장은 채플시간에 이렇게 말했다.

"이 작은 소년이 처음 내 사무실에 왔을 때는 영어를 한마디도 못 했습니다. 그런 빌리가 영어 웅변으로 밥 존스 고등학교의 명예를 전국에 떨쳤습니다."

웅변대회 일등이 된 것은 나의 삶을 완전히 바꿔 놓았다. 영어에 자신이 없었던 탓에 수동적이고 잘 나서지 않던 나는 웅변대회를 계기로 자신감을 완전히 회복했다. 집안의 막내로 사랑을 듬뿍 받으며 동네 악동노릇을 했던 나는 미국에 온 지 2년 만에 그야말로 기를 펴고 살 수 있게 된 것이다. 나는 누구를 만나도 쉽게 말을 걸 수 있었고 수업 시간에도 발표에 적극 나설 수 있었다.

뿐만 아니라 각종 서클에도 가입했다. 거의 2년 동안 방과 후 늘 교무실에서 선생님들과 영어 공부만 했던 나는 과감히 친구들과 어울렸다. 축구부에도 들어가고 '모히칸' 이라는 문학단체에도 들어가 문학작품을 읽고 토론했다. 또 우리 학급의 성가대원으로 활동하면서 미국 미래교사회 밥 존스 지부의 책임을 맡아 친구들 앞에서 설교를 했다.

우리 학교 신문이었던 《트라이앵글》지 스포츠면을 맡아서 매주 기사도 썼다.

교무실에서 선생님들께 받던 과외 공부를 끝내고 밤늦게 까지는 기숙사에서 혼자 공부했다. 중학교 때 전과목 F에서 선생님들의 배려로 D를 받았던 나는 고등학교 3학년이 되면서부터 거의 모든 과목에서 A

를 받았다. 밥 존스에서 2년 만에 본토 아이들과 대등하게 경쟁하게 되자 나는 자신감이 불끈 솟았다.

하지만 학교 생활이 마냥 즐거운 것만은 아니었다. 늘 용돈이 부족했다. 칼 파워스 씨가 학비를 내주는 것도 고마운데 용돈까지 얻어 쓸 수는 없는 일이었다. 칼 파워스 씨는 내가 요청하기만 하면 돈을 보내줬지만 나는 꼭 필요한 일이 아니면 전화하지 않았고 고지식한 성격의 칼 파워스 씨 또한 먼저 용돈이 필요하냐고 물은 적이 없었다. 그도 어려운 살림에 힘들었으며 나는 그런 사정을 너무도 잘 알고 있었던 것이다.

교내 식당이나 세탁실에서 아르바이트를 하는 친구들도 있었다. 나도 아르바이트를 하고 싶었지만 칼 파워스 씨는 공부에 방해가 된다며 나에게 절대 아르바이트를 하지 말라고 부탁했다.

필요한 것은 참으로 많았지만 그 가운데 가장 고달팠던 것은 배고픔이었다. 하루 세끼 정해진 시간의 식사 이외에 군것질은 꿈도 꾸지 못했다. 다른 친구들은 매점에서 맛있는 걸 사먹지만 나는 돈이 없어서 그럴 수가 없었다. 한창 자랄 때인데다 종횡무진 뛰어 다니다 보니 식사를 하고 두세 시간만 지나면 배에서 꼬르륵 소리가 났다. 매일 밤 열시쯤이면 어김없이 허기를 느끼며 고향생각에 괴로워했다. 어머니가 삶아주시던 감자와 고구마, 옥수수 냄새가 바로 옆에서 나는 듯 했다.

나는 미국에서 유학하는 8년 동안 김치와 된장국을 한 번도 먹지 못했다. 밤이면 구수한 된장국 냄새와 함께 먹고 싶은 음식이 눈앞에 아른거려 침이 꼴깍꼴깍 넘어갔다. 그럴 때면 물을 한 사발 들이키는 수 밖에 다른 방법이 없었다.

신장이 166cm인 나에게 사람들은 "미국 가서 우유 많이 먹었으니 키가 컸을 텐데 왜 그렇게 작냐"고 묻곤 한다. 아마 한창인 그때 제대로 못 먹어서 그러지 않나 싶다. 지금도 밥 존스 고등학교를 생각하면 많은 것이 떠오르지만 늘 허기졌던 기억이 가장 먼저 떠오른다.

파워스 가(家) 막내아들

나는 고등학교 2학년을 마칠 때까지 꾹 참고 기다렸다가 웅변대회 부상으로 탄 TV를 들고 칼 파워스 집으로 금의환향했다. 파워스 씨 가족들은 눈물을 흘리며 기뻐했다. 내가 미국 생활에 잘 적응하여 미국 전체 고등학생 웅변대회에서 일등을 했다는 사실을 너무도 대견해했다. 게다가 내가 TV까지 안고 가자 가족들은 모두 깜짝 놀랐다.

가족들은 그 트로피를 동네 사람들에 자랑하느라 여념이 없었다. 파워스 네는 동네에서 20분 정도 떨어진 산골이라 그렇다 쳐도 당시 아랫동네에도 TV가 있는 집은 한 곳도 없었다. 광산에 다니는 가난한 노동자들은 내가 TV를 선물했다는 사실에 놀라워했다. 매일 저녁 아랫동네 사람들은 이 산골의 외딴 집으로 TV를 보러 왔다. 우리나라로 치면 장욱제·태현실 주연의 〈여로〉가 전국적인 열풍을 몰고 왔을 때의 풍경을 연상하면 되겠다.

파워스 씨도 사실 가난했다. 아버지는 광산 노동자였고 어머니는 집 근처 땅을 가꾸며 소 두 마리를 키우던 가난한 농가였다. 카멘 형은 결혼하면서 분가했고, 나중에 한국 오산에서도 근무했던 동생 클로드는 공군이었다.

나는 섬머스쿨에 다녀오면 누가 시키지 않아도 나서서 집안 일을 도왔다. 한국에서 했던 그대로 소를 몰고 나가서 풀을 먹이고 커다란 낫으로 산비탈의 풀을 베어다가 널어 말렸다. 풀이 마르면 다시 돌돌 말아 창고에 차곡차곡 재어 놓았다가 겨울 내내 소에게 먹였다. 장작 패는 일은 물론 빨래까지 도왔다.

칼 파워스 씨 집에는 우물이 없었다. 그래서 아랫동네에서 물을 길어 와야 했는데, 여름방학 동안 나와 파워스 씨는 우물을 파서 집안으로 수도를 끌어 들였다. 우리 둘은 지하실을 파고 거기에 화장실과 욕실까지 만들었다. 가족들은 집이 호텔로 변했다면서 너무나 기뻐했다.

나는 가족들과 친구들에게 매주 한 번씩 꼭꼭 편지를 썼다. 나의 학교 생활을 알리고 나서 꼭 교회에 나가길 바란다는 말을 덧붙였다.

외딴 곳에 집이 두 채밖에 없었으니 우편배달부가 자주 올리 만무했다. 우편함도 집에서 2km쯤 떨어진 곳에 있었다. 내가 편지를 넣고 우편함에 딸린 깃발을 올려 놓으면 이 지역을 도는 우편배달부가 편지를 가져가면서 깃발을 내려놓고, 편지가 오면 이번에는 배달부가 다시 깃발을 올려놓았다. 편지를 부치러 내려가다가 깃발이 올려진 것을 보면 가슴이 둥둥 뛰면서 눈물이 핑 돌았다.

칼 파워스 씨가 받는 군인장학금은 파워스 씨와 나, 이렇게 둘이 공부하기에는 많이 부족했다. 칼 파워스 씨는 사정이 여의치 않자 지역 신문인 《디킨스니언》에 모금을 요청하는 글을 여러 차례 기고했다. 나를 처음 만난 사연부터 나의 학교 생활까지 소개하는 글이 보도되자,

가난한 광부들이 10달러에서 5달러까지 성금을 보내 주었다. 그렇게 모인 돈이 자그마치 천 달러나 됐다. 내가 방학 때 칼 파워스 씨 집에 갔을 때는 이미 신문에 내가 웅변대회에서 일등한 기사도 실려 있었다.

나는 방학 때마다 칼 파워스 씨와 함께 《디킨스니언》신문사에 들러 사장님과 편집국장에게 인사를 드렸다. 《디킨스니언》사장님이 내게 하는 말은 늘 똑 같았다.

"빌리, 칼 파워스 씨가 널 위해 얼마나 큰 사랑을 베풀고 희생하는 것인지 잊지 말아야 한다. 또 가난한 광부들이 널 위해 한푼 두푼 보내준 것을 귀하게 생각해야 한다. 너를 도와주는 것은 네가 나중에 한국에 가서 가난한 사람들을 위해 열심히 일하길 바라기 때문이야."

만화로 그려진 '마이 스토리'
집안 사정이 그다지 넉넉하지는 않았던 칼 파워스 씨는 간혹 경제적으로 힘이 들면 나 몰래 지방신문에 나의 딱한 사정을 전해 기금을 모으기도 했다. 지방신문 《디킨스니언》지에 소개된 나와 파워스의 얘기를 담은 만화.

그때만 해도 미국 남부지역에 동양인, 특히 한국인은 거의 없었으므로 어디를 가나 사람들은 나를 관심 있게 쳐다봤다. 당시 미국 사람들은 한국전쟁 때문에 한국을 알게 된 터라 내가 한국에서 왔다는 사실을 알면 모두들 측은하게 여겼다.

파워스 씨가 나에게 선물을 사주려고 백화점에 가면 가게마다 불쌍하다며 돈을 받지 않았던 기억도 남아 있다. 그들이 나를 동정할 때면 나는 창피하다는 생각보다는 파워스 씨가 돈을 쓰지 않아도 된다는 생각에 속으로 흐뭇해하곤 했다. 미국이 워낙 잘 사는 나라여서인지 그들이 나를 도와주는 것에 대해 그렇게 감사하다는 생각은 들지 않았다. 그러나 시간이 지나고 한국에 돌아와서야 나는 그때 나를 도와준 사람들이 얼마나 고마웠는지 깨달을 수 있었다.

나는 미국에서 유학하는 8년간 단 한 번도 한국을 다녀가지 못했다. 물론 비싼 비행기 삯 때문이다. 또 수원 집에는 전화가 없었기 때문에 어머니 목소리도 한 번 듣지 못했다. 그저 편지를 주고받는 게 고작이었다. 내가 미국에서 잘 견딜 수 있었던 것은 방학 때마다 칼 파워스 씨 집에 가서 그 가족들과 함께 지내면서 향수를 달랠 수 있었기 때문이다. 카멘과 클로드 형은 내 학비를 마련하기 위해 〈블루 그래스〉라는 뮤지컬을 기획하여 공연한 적도 있다. 그들은 언제나 나를 막내 동생이라고 불렀고 칼 파워스 씨 부모님은 동네 사람들에게 나를 언제나 넷째 아들이라고 소개하셨다.

키가 작아 더 예쁜 트루디

밥 존스 재단은 학과목 이외에도 예절 교육에 심혈을 기울였다. 그 안에는 이성교제도 포함된다. 우리 학교 안에는 미술관과 공연장, 박물관 등 훌륭한 시설이 많아 학교 안에서도 모든 문화생활을 할 수 있었다. 미국 안에서도 우리 학교 미술관은 그림 한 점만 팔아도 건물 한 동을 지을 수 있을 정도로 귀중한 작품들을 많이 소장하고 있는 것으로 유명한 곳이다.

매주 공연장에서는 다양한 형태의 공연이 열렸다. 주말이 가까워지면 남학생들은 공연장에 함께 갈 파트너를 찾느라 바쁘게 움직였다. 파트너를 정한 남학생은 정장으로 차려 입고 여학생을 정중하게 에스코트해야 한다. 만약에 여학생이 남학생의 초청을 특별한 이유없이 거절하면 벌점을 받게 된다.

그런 교내 분위기 속에서도 나는 고등학교 3학년이 되도록 여학생 기숙사로 한 번도 편지를 보내지 못했다. 바로 가난한 나라에서 왔다는 자격지심 때문이었다. 한번은 서무처장이 자신의 딸과 데이트를 권해 함께 음악회에 간 적이 있는데 나보다 키가 커서 애프터를 신청하지 않았다. 내가 여자를 보는 가장 우선이 되는 기준은 나보다 키가 작아야 한다는 것이었기 때문이다. 하지만 미국 여자들은 대개 나보다 키가 컸다.

고등학교 2학년 때는 바이올렛이라는 키가 작고 귀여운 여학생과 잠깐 친하게 지낸 적이 있었지만, 그녀는 방학 때 뉴욕의 집으로 돌아가 해군과 결혼해 버렸다. 그 일로 한동안 마음이 많이 아파서 나는 더욱 여학생들에게 관심을 기울이지 않았다.

그러다 고등학교 3학년이 된지 얼마 되지 않아 나는 식당에서 마음에 드는 한 여학생을 발견했다. 우리 식탁을 담당한 아르바이트 여학생은 예쁜 모습으로 성의껏 서빙을 했다. 표정이 밝고 귀여운 얼굴인데다 무엇보다 키가 작은 게 마음에 들었다. 친구들에게 알아봤더니 이미 남학생들에게 인기 높은 1학년생 트루디였다. 우리 학교 총장 아들인 밥 존스 3세(현재 밥존스 대학교 총장)와도 친하게 지낸다고 했다. 늘 환한 웃음을 띠고 있다고 해서 별명도 '스파클(Sparkle, 불꽃)'이라는 것이다. 남자 친구가 많다니 용기가 나지 않았지만 결국 나는 그날 호스티스를 맡은 영어 선생님을 찾아가서 상의를 했다.

"제가 트루디에게 데이트 신청을 하면 받아줄까요?"

빌리

트루디

선생님은 나에게 편지를 써오면 한번 검토해 주겠다며 적극적으로 권했다. 다음날 나는 선생님의 도움을 받아가며 토요일 공연에 함께 가자는 내용의 편지를 그녀에게 썼다. 마침내 토요일, 나는 두근거리는 마음을 달래며 여학생 기숙사로 갔다. 뜻밖에도 트루디는 검정색 벨벳드레스에 여섯 송이의 장미를 꼽고 나를 기다리고 있었다. 그날 여러 통의 편지를 받은 그녀는 그 가운데 나의 데이트 신청에 응한 이유를 이렇게 말했다.

"빌리에 대해 잘 알고 있었어요. 여학생들 사이에 빌리는 여학생 기숙사로 편지를 한통도 보내지 않은 학생으로 소문나 있지요. 모두들 누가 먼저 빌리의 편지를 받나 궁금해 있었는데 내가 주인공이 되어 이렇게 데이트에 응하게 된 거죠."

나보다 학년으로는 2년, 나이로는 4년 아래인 이 여학생은 몇 년 후 나의 아내가 되었다. 그날 공연을 마치고 기숙사까지 에스코트해 준 후 헤어지기 직전 나는 트루디에게 기도를 해 주었다. 트루디는 여러 남학생들과 데이트를 했지만 기도를 해준 학생은 아무도 없었다고 했다. 내가 신앙심도 깊어 보이고 리더십이 있다고 생각되어 마음에 들었다는 것이었다.

고등학교 3학년이 되자 모두들 대학에서 무엇을 전공할 것인지 고민이 많았다. 나는 친구들과 함께 그 당시 밥 존스 학교가 인정하지 않던 빌리 그레이엄 목사의 뉴욕 집회에 다녀온 뒤로는 어릴 때의 꿈이었던 정치가나 농림부 장관도 좋지만 복음전도자도 괜찮겠다는 생각을 했다. 하지만 딱히 무슨 과를 지망할지는 결정 내리지 못하고 있었다.

그러던 어느 날 교정을 걷는데 '목사가 되어 고국에 돌아가 가난한 청소년들을 도우라'는 마음의 울림이 있었다. 누군가 내 귀에 속삭이는 듯 했다. 나는 그 자리에서 밥 존스 대학교 신학과에 진학하기로 마음을 정했다. 칼 파워스 씨도 나의 계획에 동의했다.

나는 고등학교를 졸업할 때 우등상과 함께 최고상인 올 어라운드(All Around) 소년상을 받았다. 대학교를 졸업하고 버지니아주 단테시에 있는 어빙턴 초등학교 교사로 재직 중이던 칼 파워스 씨는 수업이 있어 졸업식에 참석하지 못했다. 그러나 다행히 아무도 졸업식에 오지 않을까 봐 걱정이 되었다며 뜻밖에도 예전 여자 친구인 바이올렛의 어머니가 내 졸업식에 참석하여 축하를 해주었다. 나를 몹시 귀여워하셨던 그녀는 내가 딸과 헤어진 뒤에도 편지를 보내 내 학교 생활을 격려해 주곤 했었는데 그렇게 졸업식까지 참석해 준 것이다.

인기 강사가 되다

밥 존스 재단은 극보수 신앙을 고수하는 것으로 유명하다.

학과목에는 정기 채플이 포함되어 있었고, 기숙사에서도 저녁마다 예배가 있었다. 한국에서 단 한 번도 교회에 간 적이 없는 나는 미국에서 외롭게 보내면서 스펀지처럼 신앙을 흠뻑 받아 들였다. 정기 채플 때면 미국에서 유명한 목사들이 초빙되어 우리들에게 설교를 했는데 그 시간을 통해 나는 용기를 얻고 비전을 갖게 되었다.

주말이면 시골 교회로 전도를 가는 기숙사 형들도 많았다. 나도 고등학교 3학년이 되면서부터 기숙사 형들을 따라서 시골 전도대회에 동행했다. 주말에 학교에 남는 게 심심하기도 했지만 어렴풋이나마 목사를 꿈꾸고 있던 때라 자연스럽게 친한 선배들을 따라 나섰던 것이다.

전도집회에 본격적으로 나서기 시작한 것은 1955년 밥 존스 대학교 신학과에 진학하면서부터이다. 미국은 청교도 정신이 면면히 내려오고는 있었지만 시골에는 의외로 교회가 많지 않았다. 우리는 주말이면 보통 왕복 여섯 시간이나 걸리는 곳으로 전도를 나가곤 했다.

전도활동을 벌일 때면 그 지역 YFC(Youth For Christ, 10대 선교회)의

자동차 전도 여행
학교 다닐 때도 나는 선배들을 따라 곧잘 시골 곳곳으로 자동차 선교를 떠나곤 했다. 결혼을 하고 한국에 돌아온 뒤에도 나는 선교 자금이 필요할 때마다 자동차를 끌고 한달씩 미국을 달렸다. 몸은 힘들었지만 마음만은 뿌듯했던 자동차 선교 여행의 기억.

도움을 많이 받았다. YFC는 2차 대전이 끝난 뒤 방황하는 10대 청소년들을 전도하기 위해 폴리 존스 목사가 1946년에 창설한 세계적인 단체이다. 빌리 그레이엄 목사를 비롯한 미국의 수많은 기독교 인재들이 바로 이 YFC를 통해 배출되었다.

우리는 트럼펫과 작은북 등을 앞세우고 동네를 돌며 사람들을 모은 뒤 즉석에서 하나님의 말씀을 전했다. 저녁에는 마을의 청소년들을 교회에 불러들여 재미있는 인형극과 슬라이드를 보여 주었다. 대부분 선배들이 설교를 하고 나면 그 다음 내가 나서서 간증을 했다. 피비린내 나는 전쟁을 겪은 가난한 나라에서 유학 온 나의 이야기는 더없이 훌륭한 소재로 시골 아이들에게 큰 용기를 주었다. 내가 간증을 할 때마다 큰 반향이 있자 선배들은 서로 나를 데려가려 했다.

그뿐이 아니었다. 대학교 1학년밖에 안된 나를 교회에서 정식 초청하여 간증 설교를 부탁하기도 했다. 칼 파워스 씨 집에서 멀지 않은 롱 브랜치 교회에서 열린 부흥집회에도 초청받았다. 그 교회에 다니던 칼 파워스 씨의 외삼촌이 세 명의 강사 가운데 한 사람으로 나를 추천했던 것이다.

고등학교 때 칼 파워스가 학비 모금을 하느라 나를 지역 신문에 여러 번 소개해서인지 나는 이미 그 지역에서 꽤 유명해져 있었다. 롱 브랜치 교회는 50명 정도 모이는 작은 교회였는데 그곳에서 나는 내가 미국에 오게 된 경위와 그동안의 미국 생활, 칼 파워스 씨의 희생 등에 대해 얘기했다. 예배가 끝나자 사람들이 나에게 악수를 청하면서 감동적이었다는 칭찬을 아끼지 않았다. 그날 예배에는 다른 지역에 사는 케슬이라는 분이 참석했는데 내 설교를 듣고 자신이 다니는 교회로 나를 초청했다. 이렇게 초청은 계속 이어져서 나는 이 교회, 저 교회로 불려 다니며 간증 설교를 하게 되었고 그러면서 약간의 사례금도 받았다. 칼 파워스 씨는 꾸준히 나의 학비를 대주었지만 대학생이 되면서 돈 들어갈 일이 많아 걱정하던 차에 퍽 다행한 일이었다.

내 설교를 듣고 자신이 속한 로터리 클럽이나 라이온스 클럽에 나를 추천하는 이들도 많았다. 클럽에서는 보통 5분 정도의 연설을 했다.

미군의 도움으로 한국에서 온 독특한 배경의 신학생이다 보니 여기

간증설교를 알리는 교회 포스터

찢어지게 가난한 나라 한국에서 온 나의 이야기는 많은 이들에게 감동을 주었다. 차츰 여기저기서 나를 찾는 목소리가 높아졌고 그렇게 나는 어느덧 인기있는 복음전도자의 길을 걷고 있었다.

저기 부르는 데가 많아 친구들 가운데 내가 가장 먼저 인기있는 강사로 떠올랐다.

한번은 알칸소에서 온 한 의사가 단테시 로터리 클럽 모임에 참석했다가 나의 연설에 감동해 나에게 왕복 비행기표까지 사주면서 알칸소로 초청했다. 학교의 허락을 받고 알칸소까지 가봤더니 그 의사의 장인은 유전과 드넓은 땅을 소유한 어마어마한 부자였다. 그 의사의 주선으로 나는 그 사람이 다니는 교회에서도 간증을 하고 꽤 많은 돈을 사례금으로 받았다. 덕분에 미국에 와서 처음으로 한국의 가족들에게 스웨터를 사서 선물했다. 내가 번 돈으로 가족들에게 선물을 보내고 나서 굉장히 뿌듯해 했던 기억은 지금도 생생하다. 친구들은 비행기까지 타고 다니면서 강연을 하는 나를 놀라운 눈으로 바라 봤다. 친구들 가운데도 나를 자신의 고향 교회에 소개하는 일이 종종 있었다.

시골로 전도를 나갈 때면 늘 수원의 풍경이 떠올랐다. 부자 동네도 많은데 굳이 시골에서 목회를 하는 목사님들이 존경스러웠다. 그 목사님들은 우리가 전도를 마치고 돌아갈 때면 꼭 과일을 한 아름씩 싸 주셨는데 그럴 때면 고향의 어머니가 생각나 눈시울이 붉어지곤 했다. 그분들을 보면서 나는 한국으로 돌아가면 가난한 고향 사람들을 전도하고, YFC를 창설해 수원의 청소년을 위해 일하겠다는 각오를 다지게 되었다.

나의 두 번째 은인 왈도 예거 장로

대학교 1학년 때 나는 칼 파워스 씨의 부담을 덜어 주어야겠다는 생각에서 아르바이트를 하기로 결심했다. 먼저 칼 파워스 씨에게 허락을 구했다. 나는 이렇듯 어떤 일이든 늘 그와 상의하곤 했다. 공부를 소홀히 하지 않을까 걱정하는 칼 파워스 씨에게는 공부를 열심히 하겠다고 다짐하고 허락을 받아냈다. 대학에 들어와서 거의 모든 과목에서 A학점을 받았기 때문에 칼 파워스 씨도 다소 안심이 되는지 나의 아르바이트를 허락했다. 나는 친구인 왈리에게 여름방학 동안 그의 아버지 회사에서 일하게 해 달라고 부탁했다.

친구 아버지 왈리 예거 장로는 오하이오주 톨레도시에서 닭과 칠면조를 가공하는 회사 '코트랜드'를 운영하는 사업가였다. 왈도 예거 장로는 미국 기독교실업인협회 회장을 3년간 역임했을 정도로 인정받는 실업인이면서도 믿음이 좋은 분이었다.

예거 장로는 나의 아르바이트를 허락하면서 두 아들에게 '한 식탁에서 식사하고 야구 구경도 같이 가며 빌리를 차별하지 않고 함께 잘 지내겠다'는 약속을 받아 주었다.

나는 낮에는 공장에서 일하고 밤에는 사장님 댁에서 그 아들과 똑

같은 대우를 받으며 지냈다. 그러한 배려에 보답하기 위해 나는 최선을 다했다. 하루에 수천 마리의 닭이 자동으로 포장까지 된 다음 냉동 처리 되었지만 사람 손을 필요로 하는 공정도 의외로 많았다. 달걀의 크기를 분류해서 포장을 하고 썩은 달걀을 골라내는 일도 있었다. 나는 3년간 여름방학 때마다 그 일을 해서 지금도 썩은 달걀 고르는 일에는 일가견이 있다.

체구가 작은 내가 미국인 인부들에게 뒤지지 않으려면 그들보다 두 배는 일해야 했다. 그런데도 내가 맡은 몫을 다하지 못하면 나는 출퇴근 카드에 도장을 찍어 놓고 밤늦게까지 공장에 남아서 마무리를 지었다. 집에 돌아오면 또 예거 부인의 집안 일을 도와주었다. 아무도 나에게 숙식비를 내라고 하지 않았지만 나는 주급을 받으면 10달러를 예거 부인에게 하숙비로 냈다. 나는 의식하지 못했지만 예거 장로는 나의 그런 태도를 하나하나 눈여겨보고 있었다.

예거 장로 부부는 정직하고 검소한 사람이었다. 그는 오하이오주에서 손꼽을 정도의 부자였지만 신발 한 켤레를 10년씩 신었고 자동차도 굴러가지 않을 때까지 탔다. 예거 부인도 일하는 사람을 두지 않고 혼자서 집안 일을 다했다. 남편과 아들 둘, 나까지 모두 네 명의 와이셔츠 40장을 주말마다 다리느라 땀을 뚝뚝 흘리면서도 절대 세탁소에 맡기지 않았다. 내가 아르바이트를 끝내고 학교로 돌아갈 때가 되자 예거 부인은 내가 냈던 하숙비 120달러를 고스란히 돌려 주었다.

미국에서 공부하면서 사고방식이 미국화되지 않았느냐는 질문을 많이 받는데, 나의 경우 성서에 입각한 미국인들의 보편적인 삶을 배웠다고 할 수 있다. 내가 만난 사람들은 대부분 크리스천들이었고 그들은 성서에 기초한 신앙이 생활화되어 있었다. 그들은 정직하고 남을 해치지 않으며 남의 일에 간섭하지 않았다. 그러한 건실한 생활태도는 나에게 큰 교훈이 되어 이후 내 삶의 좌표가 되었다.

그러나 효도와 가족애, 형제애 등은 한국이 미국보다 더 낫단 생각이 들었다. 미국인들은 형제간이라도 자기를 먼저 생각했고 또 부모의 뜻을 따르기보다 자기 주장을 내세우는 경우가 많았다. 나는 그런 모습에 동화되기보다는 우리가 갖고 있는 고유의 좋은 교훈은 지켜야겠다고 생각했다. 미국 유학 8년 동안 끊임없이 가족들과 편지로 대화를 나누면서 한국적 정서를 잃지 않으려고 애썼다.

내가 한국으로 돌아가기 전에 인사를 드리러 가자 예거 장로는 나를 위해 아주 큰 선물을 준비해 두고 있었다.

"빌리, 내가 자네의 아버지가 되고 싶은데 허락해 주겠나. 내가 자네를 위해 우리 지역 실업인들과 힘을 합쳐 세계기독봉사회를 조직했네. 한국으로 가서 청소년 선교를 하려면 실탄이 있어야지. 내가 미국에서 공급해 주겠네. 빌리와 트루디를 우리 기독봉사회의 선교사로 임명하고 싶네."

정말 생각지도 못한, 기쁘고 큰 선물이었다. 이렇게 우리가 한국으로 돌아간 뒤에도 예거 장로는 아버지로서, 그리고 세계기독봉사회 회장으로서 그 역할을 너무도 충실히 이행했다. 우리에게 선교비를 보내주고 한국의 청년들을 미국으로 유학 보내면 기꺼이 자기 집에서 묵게 하며 학비를 지원했다. 그래서 나보다도 더 예거 장로를 은인으로

나의 은인 예거 장로 부루
나는 방학 때마다 예거 장로 부부의 덕택으로 그의 공장에서 잔일을 하며 아르바이트를 할 수 있었다. 그는 항상 내게 아버지처럼 자상했으며 나를 만난 이후에도 여러 차례 가난한 한국 유학생들을 도와 나 이외에도 많은 이들에게 '마음 속 은인'으로 자리하고 있다.

서 기억하고 감사하는 이들이 한국에는 여러 명 있다.

2000년 4월, 여든 둘의 나이로 세상을 떠날 때까지 예거 장로는 스무 번 넘게 한국을 방문하여 우리의 선교활동을 지원했다. 특히 열악한 환경의 한국으로 시집 온 트루디를 위해 마치 친정아버지처럼 올 때마다 먹을 것을 잔뜩 싸들고 왔다. 한국을 떠나기 전에는 칼 파워스 씨, 한국으로 돌아오기 전에는 왈도 예거 장로가 오늘의 나를 위해 예비되어 있었던 것이다.

아내 트루디와 함께 고국으로

나는 트루디보다 네 살 많지만 학년으로는 2년밖에 차이가 나지 않았다. 트루디가 고등학교 3학년, 내가 대학교 2학년 때 정식으로 사귀기 시작했으나 주말마다 전도여행을 가는 바람에 만날 기회가 많지 않았다. 그러자 트루디는 고등학교를 졸업하자마자 나에게 결혼하자고 말했다.

"난 대학교 안 나온 여자랑은 결혼 안 해."

그렇게 말하자 트루디는 무안한 표정으로 얼굴을 붉혔다. 대신 나는 내 고등학교 졸업반지를 트루디에게 주며 절대 다른 사람과는 사귀지 않겠다는 약속을 했다. 트루디도 나에게 자신의 졸업반지를 건넸다. 나는 트루디에게 대학원을 졸업하면 바로 한국으로 돌아가겠다고 말했다. 그녀는 내가 졸업하고 훌쩍 한국으로 떠나면 다시는 나를 못 만날지도 모른다는 생각에서 나와 졸업을 같이 하기 위해 엄청난 노력을 기울였다.

밥 존스는 본인만 열심히 하면 섬머스쿨과 학점을 더 신청하는 방법 등을 통해 한 학기 또는 두 학기 정도 일찍 졸업하는 것이 가능했다. 나도 대학 재학 기간을 줄이고 최단기간에 대학원을 마치기 위해 심혈을 기울였다.

대학교 4학년 때 주말 전도여행을 다녀왔더니 나도 모르는 사이에 총학생회장에 당선되어 있었다. 밥 존스 대학교 재학생 3천여 명 가운데 상당수가 밥 존스 고등학교 졸업자였기에 가능한 일이었다. 고등학교 2학년 때 웅변대회에서 일등을 한 이후 유명세를 떨치고 있던 나는 친구들의 후원으로 쉽사리 학생회장이 되었던 것이다.

이렇게 학생회 일까지 하며 주말마다 전도여행을 다니고 여름방학 때는 왈도 예거 장로님 회사에서 아르바이트를 해야 하니 트루디와 만날 시간은 많지 않았다. 여름방학 때 딱 한 번 오하이오주에서 트루디의 집이 있는 미시간주로 가서 그녀를 만난 적이 있을 뿐, 세 번의 여름방학 기간 동안 아르바이트를 하느라 그녀를 만나지 못했다. 하지

밥 존스의 명물 빌리 김
설레임과 두려움으로 시작했던 밥 존스에서의 생활. 그러나 나는 처음엔 영어를 잘 하지 못해 반벙어리 신세인 '외톨이'였다. 그러나 웅변대회 1등은 내 모든 생활을 바꿔 주었다. 외톨이 빌리는 어느덧 밥 존스의 명물이 되어가고 있었다.

만 내가 바쁜 것을 그녀가 충분히 이해해 주리라 생각했다.

그런데 4학년 1학기가 시작되고 얼마 되지 않아 학교에서 트루디가 다른 남학생과 함께 다니는 것을 봤다. 반지까지 교환하며 서로 다른 사람을 사귀지 않기로 했는데 그 약속을 깨다니… 나는 도저히 받아 들일 수가 없었다. 그래서 트루디를 만나 다짜고짜 반지를 돌려 주었다. 그러자 그녀도 끼고 있던 반지를 빼서 아무 말 없이 나에게 돌려주었다.

별다른 변명도 없이 반지를 돌려주는 것을 보고 나는 트루디의 마음이 변했다고 생각했다. 고등학교 졸업할 때는 철없이 나에게 결혼하자고 했지만 이제는 가난한 한국으로 가기가 싫어진 게 분명하다는 생각이 들어 나도 아무 말 하지 않았다. 마음은 아팠지만 빨리 공부를 마치고 한국으로 돌아가는 게 최선이라는 생각으로 마음을 달랬다. 이후 우리는 학교에서 마주쳐도 서로 모른 체 했다.

그로부터 두세 달 정도 지나 학교에서 과 대항 축구대회가 있었다. 우리 과 대표 선수였던 내가 운동복을 입고 몸을 풀고 있자 트루디가 다가와 "이길 자신 있어?"라고 물었다. 나는 물론이라고 답했다. 나는 그녀가 다시 말을 걸어온 게 기분이 좋았다. 그날 우리는 시합에서 이겼고 트루디는 나를 기다리고 있다가 축하를 해 주었다. 그 일로 우리는 싱겁게 화해를 하고 다시 반지를 주고 받았다.

나중에 들으니 트루디는 자신이 그 남학생과 사귀는 사이가 아니었

밥 존스 축구부 주장 시절

기 때문에 오해는 곧 풀어질 거라고 생각하고 좀 기다렸다고 한다. 나는 성격이 급해 그 자리에서 속전속결을 하는 데 비해 트루디는 즉각적인 반응을 하기보다는 조금 기다리는 스타일이다. 그런 그녀의 성격은 결혼 생활에서도 좋은 윤활유 역할을 해 주고 있다.

1958년 5월 마침내 나는 한 학기 일찍 대학교를 졸업했다. 트루디도 섬머스쿨이 끝나는 8월이면 다섯 학기 만에 교육학과를 졸업하게 되어 있었다. 나는 졸업식을 한 뒤 트루디와 데이트를 하는 자리에서 그녀에게 이렇게 청혼을 했다.

"나는 대학원을 마치면 바로 고국으로 돌아가서 청소년을 위해 일할 계획인데 나와 함께 한국에 갈 수 있겠소?"

트루디는 기다렸다는 듯이 고개를 끄덕였다. 나는 7년 전에 떠나온 황폐한 내 조국에 대해 그녀에게 설명하지 않았다. 트루디의 이종사촌이 한국전쟁에 나가 전사하는 바람에 어린 시절 신문에서 한국전쟁 관련 기사를 열심히 찾아 읽었다지만 그녀는 한국이 얼마나 가난한 나라인지 잘 알지 못했다. 우리는 결혼하기로 했지만 아직 칼 파워스 씨와 트루디 부모님의 허락을 받는 일이 남아 있었다.

나는 트루디가 졸업하는 대로 곧장 결혼식을 올릴 계획이었다. 칼 파워스 씨에게 트루디와 결혼하겠다고 하자 그는 잠시 생각하다가 이렇게 말했다.

"너는 졸업하면 바로 한국으로 돌아가야 하는데 트루디가 한국에 가려고 하겠니? 그러다가 미국에서 살게 되면 나는 너의 어머니와 한 약속을 지킬 수가 없게 된다."

파워스 씨는 트루디를 만나본 뒤에 결정하겠다며 허락을 유보했다. 그리고 트루디와 함께 칼 파워스 씨 집에 갔을 때 트루디는 가족들과 금방 친해지고 익숙한 솜씨로 집안 일을 했다. 그런 트루디를 지켜본 파워스 씨는 흡족한 표정으로 그녀와의 결혼을 허락했다. 나는 먼저 파워스 씨를 장가 보내려고 여자를 여러 번 소개해 주었지만 산골에 들어가서 살겠다는 여자가 없었다. 그래서 결혼하려면 외딴집을 떠나 아랫동네로 이사가는 게 어떻겠느냐고 권하자 파워스 씨는 이렇게 말했다.

"트루디는 정말 가난한 한국으로도 시집가는데, 여기서 못 살겠다면 말이 안 된다. 트루디 같은 여자만 있으면 나도 결혼할 덴데…"

트루디의 아버지도 나를 몹시 마음에 들어 하셨다. 하지만 어머니는 트루디가 가난한 한국으로 가는 것과 혼혈아를 낳았을 때의 어려움을 들어 우리의 결혼을 반대했다. 결국 트루디가 뜻을 굽히지 않자 학교까지 찾아와서 밥 존스 총장을 만났다. 밥 존스 총장이 빌리 김 만한 신랑감은 없다고 하자 겨우 트루디 어머니의 마음이 돌아섰고, 그렇게 어렵게 우리의 결혼을 허락해 주었다.

드디어 우리는 1958년 8월 8일 저녁 8시, 트루디의 고향 미시간주 교회에서 결혼식을 올렸고 칼 파워스 씨가 나의 들러리를 서 주었다.

타국에서의 결혼식
트루디는 밥 존스 안에서도 인기 많은 여학생 가운데 한 명이었다. 그런 트루디가 처음 나의 데이트에 응해주었을 때 나는 믿어지지 않을 정도로 기뻤다. 우리는 신앙과 믿음을 바탕으로 사랑을 나누었으며 그녀는 지금도 변함없는 나의 응원자이자 후원자이다.

일주일간 신혼여행을 다녀온 후 나는 다시 대학원 공부에 전념했고 트루디는 초등학교 교사로 열심히 일했다. 일단은 7년간 한 번도 빠지지 않고 나의 학비를 대준 칼 파워스씨의 어깨를 가볍게 해줄 수 있어 기뻤다. 그때부터 트루디가 나의 뒷바라지를 떠맡았기 때문이다.

나는 반드시 1년 안에 대학원 과정을 마치고 한국으로 돌아가겠다는 각오로 열심히 공부했다. 이미 대학에서 대학원 과정을 많이 이수한 상태에서 그리 어려울 것도 없었는데다 트루디가 곁에서 비서 역할을 톡톡히 해 주어 한결 수월했다.

트루디는 직장에서 돌아오면 집안 일을 한 뒤 매일 새 벽 두시까지 내 공부를 도왔다. 내가 자료와 아이디어를 주면 트루디가 그걸로 문장을 만들고 내가 다시 검토해서 학교에 제출했다. 매주 논문을 제출해야 했는데 한 주라도 내지 못하면 그만큼 졸업이 늦어지기 때문이었다.

하지만 바쁜 가운데서도 나는 주말 전도여행을 쉬지 않았다. 200달러짜리 중고 자동차를 구입해 직접 운전하면서 시골 곳곳을 누볐다.

1959년 2월, 나를 처음으로 부흥회 강사로 초청했던 버지니아주 단테 침례교회에서 목사 안수를 받았다. 한국에서 교회에 다닌 적이 없는 나에게 단테 침례교회는 고향 교회나 다름없는 곳이다. 나는 목사 안수를 받는 순간 벅차오르는 감격을 누를 길이 없었다. 목사 안수를 받는 내내 눈앞에 어른거린 것은 고향 마을과 어머니였다. 그리고 1959년 11월 나는 밥 존스 대학원에서 신학석사 학위를 받았다.

왈도 예거 장로님이 우리 부부를 한국 선교사로 파송하려는 계획을 세워 놓은 사실을 미처 몰랐을 때, 나는 후원자가 없다는 것 때문에 걱정이 많았다. 마치 군대로 치면 보급부대가 없는 것과 마찬가지라는 생각이 들었다. 그래서 나와 트루디는 저녁마다, "하나님, 한 달에 50달러씩 도와주는 분이 있으면 서슴지 않고 고국으로 떠나겠습니다"라고 기도했다.

귀국을 앞둔 나를 오하이오주의 켄턴 침례교회에서 부흥강사로 초청했다. 예배가 끝난 뒤 한참만에 돌아온 해롤드 핸니거 목사는 후원자가 나서지 않아 고민하던 나에게 "우리 교회에서 매달 50달러씩의 선교비를 후원하기로 결정했습니다. 이것은 다른 선교사에게 보내는 액수의 두세 배입니다"라고 말했다. 그때 나와 트루디는 너무 감격해서 눈물을 흘렸다.

내가 귀국한다는 소문을 듣고 매달 10달러에서 20달러씩 보내겠다고 약속하는 친구들이 늘어났다. 전도여행을 갈 때마다 나를 태워준 패트릭 도니는 한국에서 선교할 때 사용하라며 모금활동을 벌여 4륜구동 포드 픽업트럭을 나에게 선물했다. 1959년에 나에게 헌금을 약속했던 미국 교회와 미국 친구들은 40년이 지난 지금까지 한결같이 선교헌금을 보내주고 있다.

나는 한국으로 돌아올 때 배편을 이용했다. 배표보다 몇 갑절이나 비싼 비행기 표를 살 수는 없는 일이었다. 당시 나는 트루디에게 "한국에서는 월급을 받으면 남편이 보관한다"고 말하고 봉급을 직접 관리하고 있었다. 행여 봉급을 다 쓰면 배표를 사지 못할지도 모르는데다, 미리 사두지 않으면 마음이 변할지도 모른다는 생각에서 선의의 거짓말을 한 것이다.

사실상 나는 이미 미국에서 어느 정도 자리를 잡은 상태였다. 여기저기서 부흥회 초청도 많았고, 나를 담임목사로 초청하는 교회도 있었다. 또 내친 김에 박사 학위까지 마치고 싶은 마음도 있었다. 게다가 트루디도 직장을 얻었기 때문에 미국에 정착하는 것이 우리에게 여러 모로 유리했다.

왈도 예거 장로님은 속히 내가 한국으로 돌아가 선교활동을 하기를 바란다고 말했지만 조용한 성격의 칼 파워스 씨는 나에게 부담 주는 말은 한마디도 하지 않았다. 트루디도 "그냥 미국에 눌러 살자. 나는 한국에 갈 수 없다"는 말을 단 한 번도 하지 않았다. 만약 이때 트루디가 한국에 가기 싫어했다면 나도 한국에 가고자 했던 마음이 흔들릴 수도 있었을 것이다.

내가 속히 한국으로 돌아가야 한다고 결심한 가장 큰 이유는 바로 우리 가족들이다. 연로하셔서 언제 돌아가실지 모르는 어머니와 우리 가족들에게 속히 예수를 전해야 한다는 마음이 간절했다. 행여나 공부를 연장했다가 어머니가 돌아가시면 큰 불효를 저지르는 것이라는 생각에서 나는 귀국을 서둘렀다.

한국행 배를 타기 전에 나는 트루디와 함께 샌프란시스코에 있는 TWA 항공사 대리점을 찾아갔다. 8년 전 열일곱 살 때 반표로 비행기를 탔던 일을 사과하고 돈을 갚기 위해서였다.

내가 그때 일을 설명하자 담당직원은 어딘가 전화를 걸더니 이렇게 말했다.

"선생님, 본사에서 그 일을 잊으라고 말했습니다. TWA가 좋은 목적을 위해 기부했다고 생각하겠답니다. 오늘 우리를 기쁘게 해주셔서 감사합니다."

드디어 우리는 한국으로 가는 배에 올랐다. 그제서야 나는 트루디가 한국말을 한마디도 못한다는 사실을 깨달았다. 너무 바쁘게 사느라 아내에게 한국말을 가르칠 시간이 없었던 것이다. 나는 갑판 위에서 '가나다라'와 간단한 인사말을 가르쳤다. 내가 미국에 가서 언어 때문에 겪었던 혼란을 이제 아내가 겪을 거라고 생각하니 걱정이 되었다. 내 마음을 아는지 모르는지 아내는 기대에 부푼 얼굴로 생글생글 웃기만 했다. 그런데 문제는 나도 8년 동안 한국말을 한 적이 없어 한

당시 한국행 선박

한국행 선박 갑판에서의 트루디

국말이 잘 나오지 않는 것이었다. 가서 부딪치면 다 해결될 거라는 생각이 들었지만 아내가 걱정되었다.

저 멀리로 부산항이 보였다. 산 전체에 점점이 어슴푸레한 불빛이 퍼져 있었다. 고국이 눈앞에 있다고 생각하니 두근거리는 가슴을 주체하기가 힘들어 뱃전에서 크게 심호흡을 했다. 가족들은 어떻게 변했을까… 고향은 얼마나 발전했으며 트루디를 반겨줄까… 순간적으로 많은 생각이 머리를 스쳐 지나갔다. 그때 옆에 있던 트루디가 말했다.

"부산이 샌프란시스코하고 비슷한가 봐요. 높은 데까지 불빛이 있네요. 너무 아름다워요."

나는 트루디의 얘기를 듣고 서서히 걱정이 일기 시작했다. 이제 우리는 정말로 한국에 도착한 것이다.

갈색 눈 갈색 머리의 며느리

1959년 12월 12일 밤 8시.

19일간의 항해 끝에 나와 트루디는 드디어 부산에 도착했다. 우리는 곧바로 여관을 찾아 잠을 청했다. 이튿날 부산 시내에 나가 보니 감회가 새로웠다. 크게 달라지지 않은 시내를 둘러보다가 머리를 깎고 경찰서에 들렀다. 우리의 귀국신고를 하기 위해서였다.

저녁에 다시 배를 타고 가족들이 마중 나오기로 한 인천항으로 향했다. 8년 만에 가족들을 만날 생각을 하니 나는 가슴이 뛰었다.

12월 13일 정오 무렵 인천에 도착했다. 부두에는 어머니를 비롯해 형님들과 형수님, 조카들, 팀 선교회 선교사들까지 열 명 정도의 사람들이 나와 있었다. 어머니는 떠날 때보다 훨씬 늙으셨지만 정정한 모습으로 나를 맞이하셨다. 8년 만에 돌아온 아들을 보고 또 보고, 어머니는 너무나 좋아하셨다. 조카들은 못 본 사이에 훌쩍 커서 누가 누군지 알아볼 수가 없었고 형님들과 형수님, 누님의 눈에도 눈물이 촉촉했다. 가족들은 어른이 되어 돌아온 내가 낯설었던지 어색해 했다.

어머니는 내 얼굴을 쓰다듬으시더니 뒤에 서 있던 트루디를 발견하시고는 "네가 막내 새애기구나" 하면서 얼싸 안았다. 가족들이 트루디를 어떻게 받아들일지가 가장 걱정되었는데 어머니가 환영해 주시자 마음이 놓였다. 나중에 안 얘기지만 당시 팀 선교회 소속 여자 선교사들이 내가 온다는 소식을 듣고 트럭을 갖고 마중 나와 있었는데 그 여자 선교사들이 파란 눈과 노란 머리에다 키도 크고 덩치도 좋았다. 그래서 나를 기다리시던 어머니는 형수에게 "장환이 색시도 저렇게 생겼을까?" 하면서 걱정스러운 표정으로 물어 보셨다고 한다. 그런데 자그마한데다 갈색 눈, 갈색 머리의 아담한 며느리가 나타나자 어머니는 너무도 반가웠던 것이다.

  8년간 가족들과 친구들에게 편지를 하긴 했지만 한국 소식을 거의 듣지 못했던 나는 조카들의 차림을 보고 우리나라 경제상황을 충분히 느낄 수 있었다. 어디서 얻어 입은 듯한 짧은 바지 아래로 내복이 그대로 드러나 있었다. 조카들은 너무 컸고 그 사이 새로 태어난 조카도 있었다. 가족들은 먼저 돌아가고 우리는 선교사의 차에 짐을 싣고 뒤따랐다.

  트루디는 부산에서 맞은 첫 아침부터 계속 놀라는 중이었다. 큰 눈이 더 커지면서 호기심 어린 눈으로 계속 주변을 살펴보았다. 훗날 트루디는 미국의 부모님께 편지를 보냈는데 그 편지는 미시간주 그린빌 신문에 실렸다. 당시 신문에 기사화된 편지 내용을 보면 그녀가 그때 느낀 심정을 잘 알 수 있다.

  "19일간의 바다 여행 끝에 부산에 도착했어요. 어젯밤 8시경 항구에 내렸는데, 그 도시는 불빛이 휘황찬란해 마치 샌프란시스코에 온

아내의 고향 신문에 실린 우리 가족사진

한국에 돌아와 요셉과 애설이를 데리고 처음으로 가족사진을 찍어 봤다. 아내는 이 사진을 고향 미시간주로 보냈고 어떤 이유에서인지 이 사진은 그 지역 신문에 실렸다. 이렇게 우리 가족은 한국과 미국 모두에서 나름의 '스타' 였던 것이다.

것 같았어요. 그런데 아침에 일어나보니 마치 햇빛이 다른 그림을 그려 놓은 것처럼 모든 것이 달라졌어요. 그 아름답던 불빛은 수많은 오두막집들이었고 산들은 황폐하게 헐벗고 있었어요. 우리는 배를 타고 다시 인천으로 가서 다 낡은 택시를 타고 시내로 들어갔어요. 그들의 가난함을 부모님께서는 아마 상상도 못하실 거예요."

아내는 한국에 오기 전에 가본 나라라곤 캐나다와 멕시코가 전부였다. 한국에 대해 아무 것도 몰랐던 만큼 두려움도 없었던 것이다. 그냥 미국과 똑같은 줄 알고 왔지만 실망은 하지 않았다고 한다. 아내의 오빠, 즉 나의 처남은 아프리카 짐바브웨에서 의료선교를 하는 의사이다. 아는 사람 하나 없는 황폐한 아프리카로 떠난 오빠보다 자신은 훨씬 행운아라는 아내의 말은 나를 감격시키기에 충분했다. 남편의 고국으로 왔는데 걱정할 일이 뭐냐는 것이다.

이런 나의 아내를 한번이라도 만난 사람들은 하나같이 내 앞에서 아내 칭찬을 한다.

"사모님은 정말 훌륭해요. 목사님보다 사모님을 보고 더 감탄하게 되요. 정말 결혼 잘 하신 것 같아요."

귀에 못이 박이도록 들은 얘기이다. 나도 그런 사람들에게 "우리 집 사람 자랑하려면 책 한 권으로 모자라요"라고 응수하곤 한다. 아내 자랑하는 사람은 팔불출이라고 하지만 앞으로 나의 아내 자랑은 계속 이어지게 될 것 같다.

당시 인천에서 수원을 잇는 도로가 없어 우리는 영등포로 돌아가야 했다. 고향 가는 길은 8년 전 한국을 떠날 때와 달라진 게 없었다. 특히 수원에 들어서자 시간이 멈춘 듯 했다. 고향길을 달리면서 '앞으로 내가 할 일이 많겠구나' 라는 생각을 했다. 미국에서 주말마다 갔던 시골을 떠올리며 내가 도움을 받아 이 자리까지 왔으니, 당연히 나도 다른 사람을 돕는 일에 헌신해야겠다고 결심했다. 그러기 위해 가장 먼저 해야 할 것은 우리 가족의 전도였다. 이렇게 이런저런 생각을 하는 동안 트럭은 8년 전과 조금도 달라지지 않은 초가집 앞에 멈췄다. 마당에는 천막을 쳐 놓고 집 앞에도 사람들이 모여 있었다.

어머니는 동네 사람들을 초청해 막내아들의 귀국 잔치를 준비하셨다. 우리가 미국에서 결혼해 한국에서 결혼식을 따로 하지 않는 대신 잔치를 벌인 것이다. 동네 사람들이 가득 모여 우리들을 맞았는데 대부분의 사람들은 트루디에게서 눈길을 떼지 못했다. 어머니는 트루디를 재빨리 안으로 데리고 들어가시더니 한복을 입혀서 데리고 나왔다.

어머니는 배가 고프지 않느냐며 아내에게 국수를 먹으라고 재촉했다. 한 번도 국수를 먹어본 일이 없는 아내는 국수그릇에 둥둥 떠 있는 멸치를 보고 순간적으로 깜짝 놀라는 표정을 짓다가 곧 정신을 차린 듯 밝게 웃으며 젓가락을 들었다. 이제 이렇게 한국에서의 생활은 시작된 것이다.

김치, 고추장 그리고 계란 프라이

한국 생활에 적응을 잘 하는 쪽은 오히려 아내였다.

방 세 칸인 초가집에서 열네 식구가 함께 살았으니 불편함은 이루 말로 할 수 없었다. 안방은 큰 형님 내외, 건넌방은 우리 부부, 문간방은 어머니와 조카들이 사용했다. 우리 부부가 쓴 방은 어찌나 좁았던지 짐을 넣고 나자 겨우 우리 둘이 발을 뻗을 공간만 남았다. 미국에서 가져온 물건은 책과 옷, 몇 가지의 전자제품이 전부였다. 어머니는 우리가 미국에서 선물한 담요를 한 번도 쓰지 않고 계시다가 우리 방에 펴주셨다. 미국 생활에 익숙해진 나는 온돌이 딱딱하게 느껴졌지만 아내는 방바닥이 따뜻하다며 좋아했다.

다음날, 잠을 깨어 보니 아내는 벌써 나가고 없었다. 어머니가 새색시는 방안에 들어가 쉬라고 했지만 아내는 기어코 부엌에서 불을 때면서 연기 때문에 눈물을 줄줄 흘리고 있었다. 아내는 밥은 못하지만 불때는 것은 할 수 있을 것 같아 그 일을 자청했다고 한다.

김치와 고추장밖에 없는 밥상은 우리 부부에겐 고통이었다. 어머니는 우리를 위해 특별히 들기름으로 계란 프라이를 해주셨지만 들기름 냄새는 역하게만 느껴졌다. 아내가 못 먹는 건 그렇다 쳐도 나까지 잘

고마운 내 아내 트루디

아내와 난 미국에서 얼마든지 편하게 살 수 있었다. 하지만 아내는 단 한 번도 가난한 나라 한국으로 가기 싫다는 말을 한 적이 없었으며 한국에 와서 온갖 고생을 하면서도 군말 한 번 하지 않았다. 지금도 그 시절이 즐거웠다고 추억하는 고마운 내 아내 트루디를 만난 건 정녕 행운이다.

못 먹으니 가족들은 내심 섭섭한 눈치였다. 어느새 나도 미국 음식에 길들여져 한국 음식은 먹기 힘들었던 것이다.

화장실을 비롯해 모든게 문제였다. 마당 끄트머리의 변소는 판자 두 개를 걸쳐놓은 이슬아슬한 곳이었다. 하루는 트루디가 큰형님이 안에 있는 줄도 모르고 출입문 대신 걸어놓은 가마니를 들췄다가 난리가 났다. 그 뒤부터 우리 가족들은 누가 오는 기척만 보이면 '큼큼' 기침을 하느라 바빴다.

트루디는 회사원인 아버지와 교사인 어머니 아래서 별 어려움 없이 자랐다. 열세 살 때부터 동네에서 아버지 자동차를 끌고 다녔으며 집 안에는 모든 전자제품이 갖춰져 있었다. 1950년대 미국의 중산층들은 현재 우리나라 수준의 전자제품을 갖춰 놓고 살았다. 그랬으니 아내에게 한국 생활은 얼마나 불편했을까.

미국에서 매일 샤워를 했는데 여기서는 샤워를 못하게 된 것도 고역이었다. 궁여지책으로 물을 데워 큰 대야에 담아 방에 들여놓고서 스펀지로 비누를 칠한 뒤 수건으로 닦았다.

그때 우리에게는 미국 친구들이 선교자금으로 모아준 돈이 꽤 있었다. 우리 돈의 가치가 높아진 요즘으로 치면 얼마 되지 않지만 당시에는 대단한 돈이었다.

아내가 시골에서 못 살겠다고 했다면 그 돈을 사용했을지도 모를 일이다. 주변에서는 미국 부자와 결혼했는데 왜 시골에서 사느냐고 묻는 사람도 많았다.

하지만 아내는 선교사로 왔기 때문에 고생하는 건 당연하다면서 조금도 불평하지 않았다. 우리는 6개월간 어머니와 함께 초가집에서 살았는데 아내는 지금도 그때가 즐거웠다고 추억한다.

나는 귀국 다음날부터 부지런히 돌아다니면서 최선의 선교 방법을 찾기 위해 한국에서 활동하는 미국 선교사들을 만나고 여러 교회를 다녔다. 또 내가 왔다는 소문을 듣고 미8군과 수원 10전투비행단 등에서 나를 초청했기 때문에 나는 곧바로 설교를 하러 다녀야 했다.

아내는 한국말을 할 줄 몰라 종일 집에서 지냈다. 어머니는 미국 며느리를 창피하게 생각하기는커녕 매우 자랑스럽게 생각하는 신식 시어머니였다. 그래서 온동네 잔치에 데리고 다녔는데 사람들은 트루디가 밥 먹다가 쩔쩔매는 모습을 보며 박수를 치곤 했다. 아내는 동네 초상집에 문상을 갔다가 밤새도록 일을 도와주기도 했다.

또 조카들도 아내와 두세 살밖에 차이나지 않아 서로 좋은 친구가 되었다. 조카는 친구들을 집으로 데려와 아내에게 영어를 배우면서 한국말을 가르쳐주었다. 나는 일부러 아내와 가족들의 대화를 통역하지 않았다. 그랬다가는 아내가 빨리 한국말을 익히지 못할 것 같아서였다. 아내는 답답해서 더 빨리 한국말을 배우게 되었다며 처음에는 원망스러웠지만 나중엔 고마웠다고 말했다. 대신 나는 밤에 둘만 있을 때는 영어로 많은 대화를 나누면서 아내의 외로움을 달래주었다. 나는 나대로 아내와 대화함으로써 나의 영어 실력을 유지할 수 있었다.

그때만 해도 미국 여자를 구경하려고 우리 집을 기웃거리는 사람이 많았다. 우리 집이 있던 지금의 수원시 지동은 당시엔 못골로 불리는 시골이었다. 그런 촌에 미국 여자가 왔으니 얼마나 신기했겠는가? 나를 찾는 사람들도 많았다. 당시 수원 시내에는 '이승만 대통령의 부인 프란체스카 여사는 한국을 하나 살 정도의 부자이고, 김장환 목사의 부인은 한국같은 나라는 통째로 세 개 정도 살 수 있을 만큼의 부자'라는 소문이 났었다. 또 배 일곱 척에 짐을 가득 싣고 왔다는 소문도 있었다. 큰형님은 호남선 기차에서 어떤 사람들이 "수원에 큰 부자가 있는데 미국에서 돌아올 때 3억 원을 갖고 왔다"는 얘기를 했다며 기막혀했다.

당시 수원에서 자가용을 가진 사람이라곤 고(故) 최종현 SK그룹 회장 정도였는데 내가 미국에서 포드 픽업트럭을 가져와 그런 소문이 난 것 같았다. 당시에는 일확천금을 벌려면 종교 달러를 잡으라는 말이 있었다. 외국의 선교단체들이 지원을 많이 하니까 그런 말이 퍼져나간 것이다.

한번은 수원농림 동창 2백여 명이 나를 환영하는 자리를 마련했다. 오랜만에 만난 친구들 앞에서 나는 "예수 믿으라"는 말만 연신했다. 나와 절친한 친구로 시드니 총영사를 지낸 안세훈은 "반가운 마음에 찾아왔겠지만 뭐 좀 생기는 거 있을까 해서 온 친구도 많이 있었다"고 훗날 말해주었다. 그러나 내가 만나기만 하면 "예수 믿으라"고 전도했더니 결국은 다 떠나고 안세훈과 SK 부회장을 지낸 친구 최종관만 내 곁에 남게 되었다.

"채찍으로 때릴지라도 죽지 아니하리라"

1958년 8월에 결혼한 우리 부부는 1961년에 아들 요셉을, 1963년에는 딸 애설을, 그리고 1967년에는 아들 요한을 낳았다. 아내는 세 자녀를 모두 서울역 앞에 있었던 세브란스 병원에서 자연 분만했다.

아내는 당시 세브란스 병원에 재직하던 미국인 의사에게 정기검진을 받았는데, 그 의사의 권유대로 소금 섭취를 줄이는 것 외에는 평소와 다름없이 생활했다. 우리나라 여자들이 아이를 낳으면 한 달 정도 누워서 몸조리를 하던 때, 아내는 병원에서 사흘간 지내다가 집에 돌아와서 바로 집안 일을 했다. 애설을 낳은 지 일주일 만에는 집 앞에 있는 논에서 스케이트를 타고 있어서 내가 경악을 했을 정도이다.

여자들이 아이를 낳으면 산후우울증을 겪는다는데 아내는 타국에서 친정 가족 하나 없이 혼자서 아이를 낳고도 우울하기는커녕 너무 명랑했다. 한마디로 아내는 '씩씩하고 경이로운 여자'였다.

나는 아내가 첫 아이를 낳을 때 정말 궁금했다. '과연 한국 아이가 태어날 것인가, 아니면 미국 아이가 태어날 것인가, 너무 미국 사람처럼 생겼으면 한국에서 잘 살수 있을까' 등의 여러 가지 걱정이 되었다. 드디어 첫 아이 요셉이 태어났는데 완전히 미국 아이였다. 하지만 아들을 얻었다는 기쁨에 걱정은 눈 녹듯 사라졌다. 애설이와 요한이는 미국인과 한국인을 반반 섞어놓은 듯한 외모이다.

내가 여러 가지 일을 하면서 가장 중요하게 생각한 것은 바로 자녀 교육이다. '수신제가치국평천하(修身齊家治國平天下)'라는 말처럼 가정이 잘못되면 어떤 성공도 소용없다는 것이 나의 지론이다. 내가 트루디와 결혼하겠다고 했을 때 장모님은 "혼혈아 자녀가 태어나면 잘 키울 수 있겠느냐"고 하시며 반대했었다. 그래서 더욱 나는 결혼을 하면서 자녀를 성경 안에서 바르게 키우겠다고 굳은 결심을 했다.

나는 아이가 자랄 때 잘못하는 일이 있으면 그냥 넘어가지 않고 반

나의 아이들 애설, 요한, 요셉
사람들은 나를 보면 어떻게 그렇게 자녀들을 잘 교육시켰냐며 부러워하곤 한다. 어린 시절 혼혈아라는 놀림을 받으면서도 꿋꿋하게 자라 하나님이 주신 제 몫을 다하고 있는 아이들은 나의 큰 자랑거리 가운데 하나이다.

드시 그에 상응하는 체벌을 가했다. "너는 무엇을 잘못했으니 몇 대 맞아야 한다"고 아이가 알아듣기 쉽게 설명한 다음 혁대로 때렸다.

구약성경 잠언 23장 13절~14절에도 "아이를 훈계하지 아니하지 말라 채찍으로 그를 때릴지라도 죽지 아니하리라 그를 채찍으로 때리면 그 영혼을 음부에서 구원하리라"는 말씀이 있다.

내가 아이를 혁대로 때렸다고 하면 놀라는 사람이 많지만 제때 체벌하지 않는 것이야말로 자녀에게 독이 된다. 우리나라 부모들은 "너 잘못하면 밥 안 준다. 뭐 안 사준다"고 해놓고는 아이가 잘못해도 그냥 넘어가는 경우가 많다. 아이들에게 빈 협박을 자주 하다 보면 아이들이 부모의 말을 믿지 않게 된다.

요셉이 초등학교 저학년이었을 때이다. 그 아이는 내 서재에 들어왔다가 내 지갑에서 5천 원을 훔친 일이 있다. 당시 택시 기본요금이 60원이었으니 상당한 거금이었다. 그 돈으로 사고 싶은 거 다 사고 먹고 싶은거 다 사먹고도 돈이 남아 요셉은 동네 아이들에게 과자를 막 사주었다. 돈을 다 쓰고 나서야 정신을 차린 요셉이 집에 못 들어오고 밖에서 빙빙 돌고 있을 때 아내가 데리고 왔다. 나는 아무 말도 하지 않고 요셉에게 가방을 싸라고 했다. 맞을 줄 알았던 요셉은 여행가는 걸로 착각하고 신이 나서 가방에 제 물건을 집어넣었다.

나는 아이를 태우고 고아원에 가서 내려놓았다.

"우리 집 아이들은 도둑질하는 아이들이 아니다. 너는 우리 집 아이가 아니니 여기서 생활해라."

그렇게 말하고 차를 빼려고 하니 요셉이는 그제야 마구 울면서 "아버지, 다시는 안 그러겠습니다" 하고 빌었다.

나는 아이들에게 몇 시에 어디로 출발할 테니 그때까지 모이라고 해놓고 그 시간에 오지 않는 아이는 떼어놓고 그냥 출발해 버렸다. 그러면 다음부터 절대로 시간을 어기지 않는다.

그러나 확실한 체벌을 가하는 반면에 혼혈아인 아들이 기죽지 않고 살아갈 수 있게 하려고 많은 노력을 기울였다. 논산훈련소에서 집회 요청이 있으면 일부러 요셉이를 데리고 갔다. 많은 군인들 앞에서 설교하는 아버지를 자랑스럽게 여기도록 하기 위해서였다.

1973년 빌리 그레이엄 전도대회가 끝나던 날, 정부에서 내준 리무진을 타고 조선호텔로 갔다. 나는 그 차에 요셉이를 태웠다. 요셉이는 구름처럼 모인 사람들이 우리가 탄 차를 향해 손을 흔드는 모습을 놀란 눈으로 바라보았다. 밖에 나가면 혼혈아라고 놀림을 받는 아들은 아버지가 활동하는 모습을 보면서 자긍심과 위로를 받는 눈치였다.

아내에게 늘 감사하는 것은 내가 혁대로 아이들을 때릴 때 말리지 않았다는 점이다. 마음은 아팠지만 부모가 일관된 모습을 보여야 한다는 생각에서 아내는 나의 교육방식을 참견하지 않았다고 한다. 대신 아이가 맞고 나면 따뜻하게 감싸주어 상처받지 않도록 했다.

혼혈아라는 딱지

나의 세 자녀는 수원에서 고등학교까지 공립학교를 다닌 뒤 미국에 있는 대학에 진학했다. 요셉이 초등학교에 입학할 당시 우리 집에는 미국기독봉사회에서 파견한 제임스 윌슨 선교사 가족들이 함께 살고 있었다. 윌슨 선교사의 자녀들은 서울의 외국인 학교에 다녔는데 요셉을 그쪽에 딸려 보내거나 미국의 외가로 보낼 수도 있었다. 하지만 나는 아들을 한국인으로 키우고 싶었다.

우려했던 대로 요셉이는 학교에 들어가서 '튀기' '아이노꼬' '뺑코' 등등의 놀림을 많이 받았다. 엎드려서 자면 코가 납작해질지도 모른다며 코를 방바닥에 대고 잠을 자기도 해 지켜보는 엄마 아빠의 가슴을 아프게 했다.

그런 아들을 강하게 키우기 위해 초등학교 3학년 때부터는 아르바이트를 시켰다. 처음 주선한 아르바이트는 '아이스케키' 장사였다. 요셉은 첫날 '아이스케키' 통을 메고 종일 돌아다녀 60원을 벌었다. 그런데 다리가 너무 아프다며 그 돈으로 택시를 타고 돌아와 첫날 장사는 허탕이었다. 그 후에도 초등학교 때는 여름만 되면 아이스케키 장사를 시켰는데 어릴 때 고생을 해봐야 한다는 내 의견에 아내도 찬성

했다.

　수원 시내를 돌아다니면서 장사를 할 정도로 현실에 적응을 잘하면서도 아들은 또래 친구들과 자신이 다르다는 것을 깨달을 때면 상처를 받았다.

　요셉은 모태신앙이지만 자신의 의지로 예수님을 받아들인 시기는 초등학교 4학년 때라고 말한다. 처음으로 도시락을 싸가던 날, 요셉은 아무 생각 없이 어머니가 싸준 도시락을 갖고 학교에 갔다. 친구들은 무슨 반찬을 싸왔는지 궁금해하면서 쳐다봤고 요셉은 모두들 지켜보는 가운데 도시락 뚜껑을 열었다. 기대에 차서 도시락 뚜껑을 열었는데 그 안에는 밥이 아닌 샌드위치가 들어 있었다. 아내는 평소 아이들이 간식으로 잘 먹던 샌드위치를 떠올리고 미국식 도시락을 만들어줬던 것이다. 다른 아이들은 생전 처음 보는 음식 앞에서 눈이 휘둥그레졌고, 막 예민해지는 시기였던 요셉은 얼굴이 흙빛이 되어 도시락 뚜껑을 도로 덮고 말았다.

　요즘이야 샌드위치가 흔한 음식이지만 1960년대에 시골 아이들에게는 너무나 이상한 음식이었다. 요셉은 그날 자신이 친구들과 다르다는 것을 또 한 번 확인하고 절망했다고 한다. 그날 점심도 안 먹고 집으로 오면서 요셉은 '사는 게 참 힘들다'는 생각과 함께 '나는 과연 누구인가'라는 의문이 들었다고 한다. 그러면서 '엄마는 이렇게 도시락도 제대로 못 싸줄거면 윌슨 선교사네 아이들처럼 서울의 외국인 학교에 보내줄 것이지' 하는 원망을 했고 또 미국의 외가에 가서 공부하고 싶다는 생각도 했다고 한다.

학교 다녀와서 풀이 죽어 있는 아들에게 아내가 이유를 물었다. 요셉의 얘기를 들은 아내는 "예수님도 놀림을 당하셨단다. 나도 한국에 처음 와서 놀림을 당했지만 예수님을 생각하면서 이겨냈다. 예수님은 널 사랑하시고 너를 놀리는 친구들도 사랑하신다"는 얘기와 함께 위로를 해주었다. 요셉이는 그제야 어머니도 한국에 와서 많은 고생을 했다는 것을 깨닫고, 어머니처럼 예수님을 생각하며 이겨내야겠다는 결심을 했다고 했다.

다음날부터 요셉은 반드시 밥이 들어 있는지 확인하고 나서야 도시락을 갖고 갔다. 아내도 아이들을 위해 한국식 반찬을 만드느라 더 애를 썼다. 요셉은 점점 나이가 들고 신앙이 자라면서 자신의 외모 콤플렉스를 어느 정도 극복할 수 있었으나 성인이 되어서 또 한 번 큰 충격을 받아야 했다.

요셉은 수원의 유신고등학교를 졸업한 뒤 미국으로 유학을 갔다. 대학교 4학년을 마쳤을 때 영장이 나왔다. 1983년에 요셉은 군종이 되겠다며 신체검사를 받으러 갔는데 뜻밖에도 소집면제 도장을 찍어주었다. 건강에 이상이 없는데 왜 소집면제냐고 묻자 담당자는 'IQ 85 이하, 초등학교 졸업자, 혼혈아는 면제 대상'이라고 일러주었다. 그 자리에서 요셉은 충격을 받았다. '언제까지 혼혈아라는 딱지가 따라다닐 것인가, 한국인인 내가 왜 군대에 갈 수 없는가' 하는 생각에 많이 우울했다고 한다.

요셉은 한국에 살면서 혼혈아로서 좋은건 단지 교통위반 했을 때 교통경찰이 딱지를 끊으려다 말고 외국인으로 보고 그냥 가라고 손짓할 때 뿐이라고 말한다. 요즘도 요셉은 처음 만나는 사람이 "한국말 잘 하시네요?"라고 하면 정색을 하고는 "나는 한국 사람이에요"라고 말하며 씁쓸해한다.

두 동생은 요셉은 비해 훨씬 한국적으로 생겨서인지 비교적 큰 어려움없이 성장할 수 있었다. 요셉이 호기심의 대상이 되다 보니 동생들은 그냥 묻혀 지나갈 수 있었는데다 요셉을 키우면서 겪은 시행착오를 되풀이하지 않기 위해 우리 부부가 나름대로 노력했기 때문이다. 하지만 알게 모르게 애설과 요한도 마음 고생을 많이 했을 것이다.

말썽꾸러기 둘째 아들

첫째 아들인 요셉과 딸 애설에겐 엄격하기도 했지만 한편으로는 함께 하는 시간을 많이 가졌다. 하지만 1967년 요한이 태어났을 때에는 너무 바빠서 함께 보낼 시간이 많지 않았다. 여기저기 데리고 다니며 자긍심을 갖도록 배려했던 요셉과는 달리 요한에게는 그럴 기회가 많지 않았다.

차분하고 예의 바른 두 아이와 달리 요한은 자유분방하고 모험심이 강했다. 형과 누나처럼 자신도 학교에 다니고 싶다고 조르는 바람에 다섯 살 때 초등학교에 입학시켰다. 그랬더니 학업을 제대로 따라가지 못해 성적이 좋지 못했다. 유급을 시키려고 했지만 요한은 친구들 때문에 절대로 안된다고 고집을 부렸다. 위의 두 아이는 "목사의 자녀는 이래서는 안된다"고 말하면 그대로 순종했지만 요한은 늘 "왜 안되죠"라고 따져 묻기도 했다.

그런 요한도 초등학교 4학년 때부터 형을 따라다니면서 아이스케키 장사며 신문배달 아르바이트를 곧잘 해냈다. 그리고 초등학교를 졸업하자마자 미국에 보내달라고 졸랐다. 제 형이 고등학교를 마치고 미국으로 유학을 떠나자 자기도 가겠다고 나섰던 것이다. 아직 나이도 어리고 해서 아내와 의논하여 요한을 버지니아주의 칼 파워스 씨에게 보내기로 결정했다. 그때까지도 칼 파워스 씨는 결혼하지 않고 산골에서 혼자 살고 있었다.

요한은 칼 파워스 씨가 재직하고 있는 어빙턴 공립학교 6학년에 편입해 방과 후에는 과외교사에게 영어를 배웠다. 우리 가족들은 집안에서는 영어를 사용하기 때문에 요한도 말하고 듣는 것은 기초가 되어 있었다. 집에 돌아와서는 칼 파워스 씨에게 글짓기를 배웠는데, 요한은 지금도 칼 파워스 씨 덕분에 글솜씨가 늘었다고 말하곤 한다.

파워스 씨 집에는 내가 유학했을 때의 흔적이 고스란히 남아 있다. 요한은 내가 미국에서 고생하면서 공부한 사실과 칼 파워스 씨의 헌신을 알고는 많은 교훈을 얻었다. 미국에서 1년간 지내다가 돌아온 요한은 지금도 칼 파워스 씨와 정기적으로 연락하며 친하게 지내고 있다.

한국에 돌아온 요한은 초등학교 친구들과 함께 다녀야 한다며 혼자서 경기도 교육청에 찾아가 중학교 2학년에 들어가도 된다는 허가서를 받아냈다.

사춘기가 된 요한은 모범생이었던 두 아이와 달리 늘 우리를 당혹스럽게 했다. 한번은 내 차를 끌고 오산까지 갔다온 일도 있었다. 운전기사인 박일양 집사가 운전하는 것을 눈으로 익혔다가 호기심에 끌고 나갔던 것이다.

돌아오는 길에 비가 와서 흙탕물이 튀었는데 그걸 이상하게 본 박 집사가 눈치를 채고 걱정이 되어 나에게 얘기를 했다. 나는 사춘기가 된 아들을 무작정 야단쳐서는 안 되겠다는 생각에서 박일양 집사에게 가끔 공터에 나가서 요한이 운전할 수 있게 해달라고 부탁했다.

얼마 후 요한은 간염에 걸려서 거의 사경을 헤맬 정도로 심하게 앓았다. 2주 동안 병원에 입원했는데 우리 부부는 번갈아가며 극진하게 간호했다. 일주일간 요양한 뒤 퇴원하면서 요한은 많이 차분해졌다.

2년 만에 중학교를 졸업한 요한은 좋은 고등학교에 진학하지 못했다. 학교가 마음에 안 들었던지 입학한 지 한 달 만에 형과 누나가 있는 미국에 보내달라고 졸랐다. 우리는 고등학교를 마치고 가야 한다고 설득했지만 계속 미국에 가겠다고 떼를 썼다.

그러던 어느 날 미국 집회를 다녀와서 남은 돈 1500달러를 금고에 넣으라며 요한에게 건네주었다. 그날 밤 요한은 집에 들어오지 않았다. 한번도 외박은 한 적이 없는지라 걱정이 되었지만 친구 집에 갔으려니 하고 그날 잠을 잤다. 다음날 내가 나간 뒤 아내는 요한이가 쪽지를 써놓고 집을 나갔다는 사실을 알게 되었다. 아내는 요한이 돌아올 것으로 믿고 찾아 나서지 않고 집에서 기도하며 기다렸다고 한다.

요한은 라스베이거스로 가서 그 돈으로 도박을 하여 돈을 딴 다음 미국에서 혼자 공부를 할 계획을 세웠다고 한다. 공항에 갔으나 시간이 늦어 라스베이거스행 비행기표를 사지 못한 요한은 배웅 나온 친구와 함께 하얏트호텔에서 하룻밤 잤다. 아침에 일어나서야 비로소 자신의 잘못을 깨달은 요한은 집에 전화를 하고 저녁 늦게야 돌아왔다. 아내와 나는 의논을 거듭한 끝에 요한을 형이 다니고 있는 학교로 보내는게 낫겠다고 결정했다.

요셉과 요한은 미국에서 10년씩 유학을 하면서 박사 학위를 받았고 애설은 석사 학위를 받았다. 어려서부터 아르바이트를 했던 세 자녀는 장학금과 아르바이트로 유학 비용을 스스로 해결했다. 아들들은 주유원, 낙엽긁기, 잔디깎기, 빵공장 종업원, 패스트푸드점 종업원, 장애인 돌보기 등 안 해본 아르바이트가 없고 딸은 주로 피아노 연주와 레슨을 하여 돈을 벌었다.

요셉이와 애설이는 미국에 가자마자 적응을 잘해 좋은 성적을 거두었으나 기초가 탄탄하지 못했던 요한이는 많은 어려움을 겪었다. 대학교 2학년이 되어서야 요한이는 나에게 'all A' 성적표를 보내왔고 그날 나는 몹시 흐뭇했다.

목사가 된 두 아들

큰 아들 요셉은 1989년 미국 트리니티 신학대학원에서 교육학 박사 학위를 받고 귀국해 우리 교회에서 잠시 교육목사로 일했다. 그때 요셉은 목회자회의 시간에 자신의 의견을 당당하게 피력하면서 나의 목회활동을 비판해 주위 사람들을 놀라게 했다. 아직까지 아들은 이론과 실제의 괴리를 깨닫지 못하고 있었던 것이다. 하지만 다른 목회자들은 우리 부자(父子)의 공방전을 지켜보는 일이 신선했다고 말했다. 당시 나는 아들에게 분명히 못박았다.

"네 용돈을 네가 벌었던 것처럼 네 사역은 네가 개척해라. 절대로 아버지의 후광을 입을 생각은 하지 마라. 우리 교회에서 훈련받는 것까지는 괜찮지만 이 교회에서 목회할 생각은 하지 마라."

나중에 돌아온 요한에게도 똑같은 말을 했는데 두 아들은 "그런 걱정은 하실 필요없다"라고 말하더니 둘 다 교회를 개척해서 지금은 담임 목사로 일하고 있다.

요셉은 1995년에 「수원원천침례교회」를 개척했고 요한은 미국 북침례교신학대학에서 목회학 박사 학위를 받고 1997년에 귀국해 대전극동방송에서 잠시 일하다 1998년에 대전에서 「함께하는교회」를 개척했

목사가 된 두 아들 요셉(위)과 요한(아래)
나의 아들 둘 모두는 지금 목사가 되었다. 각기 어엿한 담임목사로서 성직자의 길을 가고 있는 두 아들 요셉과 요한은 나의 가장 든든한 동지이자 내 잘못을 가장 잘 꼬집어주는 매서운 비판자가 되어 변함없이 내 곁을 지켜주고 있다.

다. 두 교회 모두 많은 성도들이 모이고 있다.

더불어 요셉은 한국기독봉사회 대표를 맡고 있고, 요한은 윌로우 크릭 코리아(미국 시카고 윌로우 크릭교회 한국지부) 이사를 맡았는데 두 아들에겐 나 못지 않게 국내외로부터 집회 요청이 많이 들어온다.

나는 미국에서 집회를 할 때에는 아들과 동행하는 경우가 많다. 나는 성인을, 아들들은 청소년을 대상으로 집회를 하는 것이다.

아들들은 재미교포 청소년을 위한 집회를 많이 개최했다.

1970년대 초 이민이 늘어나면서 많은 한국인이 미국 본토에 자리 잡았다. 특유의 근성으로 낯선 땅에서도 한국인들은 훌륭하게 뿌리를 내렸지만 문제는 자녀들이었다. 1980년대 중반, 사춘기가 지나면서 미국사회에 동화되지 못한 한국 청소년들이 갱단을 조직해 미국사회에서 문제가 되었다. 그렇게 방황하는 한국 청소년 앞에 아들들이 나서서 '한국에서 혼혈아로 겪은 어려움'을 토로하면 엄청난 반향을 불러

일으켰다. 수많은 청소년들이 울며 회개하고 새 삶을 찾았다.

한국에서 힘들게 자란 두 아들이 그런 일에 쓰임받는 것을 보면서 나는 하나님의 섭리를 다시금 깨달았다. 아들들은 요즘 3세계 지역의 선교사 자녀들과 교포 자녀들을 위한 사역을 하고 있다. 이 아버지보다 더 바쁘게 움직이는 아들들을 보면서 늘 하나님께 감사드린다.

두 아들은 어릴 때 자신들을 미국에 보내지 않았기 때문에 한국과 미국에서 동시에 활동할 수 있게 되었다며 감사해한다. 그 말을 듣고 우리 부부도 우리의 판단이 옳았다며 흐뭇해했다. 만약 혼혈아로 놀림 받는 게 안쓰러워 아들들을 미국 외가에 보냈더라면 결국 미국에서 활동하는 반쪽 목회자가 되었을 거라는 얘기였다.

며느리와 사위는 모두 초등학교 때 미국에 간 재미교포 2세들로 한국어와 영어에 능통하다. 나는 한국인 며느리를, 아내는 미국인 며느리를 원했다. 그런데 우리 며느리들은 미국과 한국의 정서를 모두 갖고 있어 우리 부부를 만족시키고 있다. 딸 애설은 미국 유학 시절 만난 재미 교포 2세와 결혼하여 지금은 미국에 살고 있다.

밖에 나가면 사람들은 나에게 "자녀들을 잘 키운것이 부럽다"는 말을 많이 한다. 그 말을 들을 때면 나는 모든 공을 내 아내에게 돌린다. 자녀 교육에 있어서 가장 중요한 것은 부부의 일치이다. 아빠가 아이를 야단치는데, 엄마가 옆에서 "애 기죽게 왜 그래요?" 하면 아이는 혼란을 일으키게 된다. 아내는 내가 아이들을 혁대로 때릴 때 가끔은 심하다는 생각에 마음이 아팠다고 한다. 하지만 아버지의 권위를 지키고 자녀들이 판단기준을 가질 수 있도록 하기 위해 아이들 앞에서 나를 타박한 적이 한 번도 없었다.

내가 아이들에게 체벌을 가한 것은 초등학교 때까지이다. 체벌로 분명한 기준을 갖게 만들면 그 다음부터는 대화가 가능하다. 나는 아이들을 때린 뒤 반드시 안고 하나님께 기도를 드렸다. 그래도 아이들에게 원망이 남을 수 있다. 아내는 그 다음 과정을 잘 맡아주었다. 아내는 단 한 번도 아이들에게 매를 대지 않고 늘 온화한 웃음으로 감싸 안아 아이들의 마음에 앙금이 남지 않게 해주었다.

요셉은 혁대로 맞을 때 아버지가 직접 손으로 체벌하지 않는게 좋았고, 잘못했을 때 곧바로 지적받았기에 올바른 기준을 가질 수 있었다며 자신의 아들도 지금 혁대로 벌하고 있다.

나는 자녀들이 미국 유학을 할 때 아주 가끔 100달러씩 주곤 했는데, 아내는 단 한 번도 아이들에게 따로 돈을 주지 않았다. 아내가 나 몰래 자녀들에게 돈을 주었다면 부모에게 기대는 마음이 생겼을지도 모를 일이다. 자녀 교육에 있어서 우리 부부가 같은 생각을 가졌다는 것이 무엇보다 다행스런 일이었다.

제3부

다시 태어나도 나는 목사입니다

나의 사역은 죽는 날까지 계속될 것이다
앞으로도 하나님의 말씀을 전파하고 나의 도움을 필요로 하는 사람들을 도우며 살 계획이다
누군가는 나를 "이밴절리스트(Evangelist)로서 철저한 복음주의자이고
이코노미스트(Economist)로서 최소비용으로 최대효과를 내는 사람이며
에너자이저(Energizer)로서 여러 계층의 사람들에게 활력을 주는 사람"이라고 정의했다
그 뒤로 사람들은 나를 '3E'라 부르는데
그런 말을 들을 때면 정말 3E 역할을 잘해야겠다는 생각이 든다

또 다른 기회를 만나다

여러 고마운 사람들의 도움으로 아세아 방송의 개국을 앞두고 한창 바쁘게 뛰고 있을 때 나의 인생의 물줄기를 확 바꿔놓을 또 다른 일이 하나 기다리고 있었다.

방송사 설립으로 눈코 뜰새없이 바쁠 때 내 앞에 또 다른 디딤돌이 하나 기다리고 있었다. 바로 빌리 그레이엄 목사와의 인연이었다.

1973년 3월 27일 나는 한 통의 전화를 받고 입을 다물 수 없었.

"나는 빌리 그레이엄 한국 전도대회 준비 책임을 맡은 헨리 할리입니다. 이번 5월 서울에서 열리는 한국 대회에서 당신이 빌리 그레이엄 목사의 통역을 맡아주었으면 합니다."

나이 서른 아홉에 이제 겨우 한낱 수원 '시골' 교회 목사인 내게 그런 부탁이 오다니… 그 순간 전신에서 힘이 쫙 빠져나가면서 가슴이 쿵쾅 거렸다.

"48시간의 여유를 주실 수 있습니까?"

절대로 놓쳐선 안 되는 기회였지만 결코 혼자 결정할 문제도 아니었다. 세계를 돌며 청중을 휘어잡는 그레이엄이지만, 대단히 보수적이었던 나의 모교 밥 존스 대학교에서는 자유주의 성향의 그레이엄을 인정하지 않았기 때문이다. 나의 모교 밥 존스 대학교는 자유주의자들을 강단에 세운다는 이유로 빌리 그레이엄 전도대회에 재학생들은 물론 졸업생들도 절대 참석하지 못하게 했다. 당시 나의 미국 지인(知人)들은 거의 밥 존스 동창이었으니 선뜻 결정하기가 힘들었다.

나는 미국에 있는 나의 후원자들에게 전화를 걸었다. 대학 동창들은 하나같이 그레이엄 목사의 통역을 맡았다가 후원이 끊어지면 어떻게 하느냐며 걱정했다.

친구들의 걱정은 매우 현실적인 것이었다. 그때만 해도 우리나라에서 선교활동을 하려면 미국인들의 돈줄이 절대적으로 필요했다. 미국 친구들의 후원과 집회 후 모금을 하는 형태로 대부분의 선교 자금을 마련하고 있을 때였다. 게다가 곧 아세아 방송 사장으로 취임할 예정이어서 절대적으로 모금이 필요한 시점이었다.

나를 미국으로 데려가 공부시킨 한국군 참전용사 칼 파워스 씨와 나의 양아버지 예거 장로에게도 조언을 구했다. 두 사람은 마치 약속이나 한 듯이 '한국인을 전도하기에 더없이 좋은 기회'라며 통역을 권했다.

나는 마지막으로 밥 존스 동창인 아내 트루디의 의향을 물었다.

"당신이 통역을 해야 한다고 생각해요. 당신은 전도하기 위해 귀국했는데 이보다 더 좋은 기회가 어디 있어요."

이틀간 고심한 끝에 결국 나는 통역을 하기로 결정했다. 지금 당장의 이익인 모교와 모금보다 조국의 복음화가 더욱 중요하다고 생각했기 때문이다.

빌리 그레이엄 서울 여의도 전도대회는 많은 사람들의 노력으로 이루어졌지만 그 가운데서도 고(故) 한경직 목사님의 역할이 컸다. 한경직 목사님은 1951년 한국전쟁 중에 빌리 그레이엄 목사가 부산에서 집회를 가졌을 때 통역을 맡았었다.

1966년 빌리 그레이엄 전도협회(BGEA) 주최 베를린 집회에 참여한 한 목사님은 빌리 그레이엄 목사에게 정식으로 한국 집회를 요청했지만 그땐 성사되지 못했다. 한경직 목사님은 1970년 11월 20일에 다시 BGEA로 빌리 그레이엄 목사를 초청하는 편지를 보냈다.

"우리는 당신이 2주 동안 한국에서 집회를 열어주시기를 원합니다. 한국의 종교인들은 초교파적으로 모여 당신을 초청하는 데 만장일치로 결의하였습니다."

나도 밥 존스 대학교 선배인 빌리 그레이엄 목사에게 한국에서 집회를 꼭 열어달라는 편지를 보냈다.

빌리 그레이엄목사는 한경직 목사님에게 즉시 답장했다.

"나는 한국을 아주 사랑하며 꼭 한번 가보고 싶습니다. 1972년에 가겠습니다."

하지만 갑자기 그의 건강이 악화되어 결국 1년 뒤인 1973년에 대회가 열리게 된 것이다.

애초에 BGEA측에서 원한 통역자는 한경직 목사님이었다. 헨리 할리가 세 번이나 한경직 목사님에게 통역을 부탁했을 때 당시 일흔한 살이었던 한 목사님은 이렇게 말했다.

"할리 씨, 내가 너무 나이가 많아서 빌리 그레이엄 목사님의 통역을 할 수 없다는 대답을 이해하지 못하십니까?"

그러자 할리가 크게 웃으며 말했다.

"물론 이해합니다. 그러나 한국에서는 마지막 대답을 얻기 전에 최소한 세 번을 요청 할 필요가 있다고 들었습니다."

아마도 삼고초려(三顧草廬)를 염두에 두고 이야기한 듯 하다. 한경직 목사님은 다시 한 번 정중히 통역을 거절하면서 나를 추천했다.

요즘은 외국인들이 한국에 오면 여의도순복음교회를 방문하지만 1960년대에는 당시 가장 큰 교회였던 영락교회를 구경하고 싶어했다. 나는 미국에서 손님이 올 때마다 영락교회로 안내했는데, 그게 인연이 되어 한 목사님의 국내외 집회 때면 통역을 맡게 되었다. 특히 한 목사님의 아들이 미국 여성과 결혼해서인지 한 목사님 부부는 혼혈아인 내 자녀들에게 관심이 많았다.

한경직 목사님은 불안해하는 할리에게 "우선 당신의 전속 통역을 구할 때까지 통역을 맡기라"고 권했다. 하지만 한국 측 임원 가운데서는 잘 알려지지 않은 내가 통역을 맡는 것에 대해 반대하는 이들도 있었다.

그러나 할리가 한국에서 일하는 미국인 선교사 몇 사람을 만났을 때 "빌리 김이 한국어를 영어로, 영어를 한국어로 통역하는 데 최적임자"라고 말했다고 한다. 한국 내 미국 선교사와 BGEA 내부에는 밥 존스 출신이 많았던 것이다.

 BGEA가 나를 통역자로 선정한 이유는 그레이엄 목사와 같은 침례교단이며 밥 존스 출신이라는 점, 이미 해외에서 전도자로서의 자질을 쌓았다는 점, 특히 새 신자를 예배시간에 바로 결신하게 하는 미국 침례교 예배 방식에 익숙하다는 점 때문이었다.

 빌리 그레이엄 한국 대회는 한국교회사적으로도 의미가 크다.
 1959년에 갈라진 뒤로 13년 동안이나 교류가 없던 장로교의 통합측과 합동측을 비롯해 주요 교단들이 함께 참여하여 대회를 준비하면서 교회통합 운동의 씨앗을 뿌렸다. 그리고 지금에야 물량주의에 치우쳤다는 비난을 듣기도 하지만 분명 한국 교회가 성장하는 계기가 되었음은 틀림없다.

 여담이지만, 내 영어 이름인 빌리 김을 가지고 많은 사람들이 그레이엄과의 인연으로 그렇게 지은 것이 아닐까 짐작한다. 하지만 그렇지 않다. 빌리라는 이름은 앞서 얘기했듯이 한국전쟁 시절 나를 하우스보이로 썼던 미군들이 제비뽑기로 정해준 이름일 뿐이다.

빌리 그레이엄 서울(여의도) 전도대회의 대성공

1973년 5월 25일, 빌리 그레이엄 목사 부부가 마침내 한국 땅을 밟았다. 부부의 입국은 백여 명의 기자들이 대기할 정도로 거국적인 관심을 끌었다. 그레이엄 목사 부부가 비행기 트랙을 내려올 때 공군 군악대가 연주하고 이어 100명의 숭의여고 학생들이 합창을 했다. 정부에서 환영회를 허락해 1500명의 환영위원회가 결성되었으며 사용료도 없이 여의도 광장의 사용을 허가해 주었다. 정부의 허가가 있었기에 전기시설이 없는 광장에 전기를 설치하고 5천 개 이상의 간이화장실과 세면실을 세워 집회 준비를 할 수 있었다.

당시 정부에서 이와 같은 파격적인 배려를 한 것은 한국의 인권문제와 종교탄압을 이유로 몇몇 반한(反韓)파 의원의 주도 아래 대한 군원 삭감안이 미 의회에 상정되고 주한미군 철수가 거론되는 등 미국 내 일고 있는 반한 기류 때문이었다.

1918년 미국 노스 캐롤라이나 샤롯테에서 태어난 빌리 그레이엄 목사는 쉽고 강렬한 설교로 가는 데마다 구름 같은 인파가 몰리는 세계적인 복음전도자였다. 미국 대통령들이 취임식 때마다 초청해 기도를 받을 뿐만 아니라 백악관과 빌리 그레이엄 목사 집을 연결하는 핫라인이 설치되어 있을 정도이다. 문제가 생기면 미국 대통령들은 수시로 빌리 그레이엄 목사에게 기도를 받는다.

이런 미국의 거물급 목사가 방문하자 정부에서는 종교의 자유를 증명하기 위해 많은 신경을 쓴 것이다. 실제로 성황을 이룬 한국 전도대회가 미국의 ABC-TV와 NBC-TV를 통해 여러 번 방영되면서 박정희 정권에 많은 도움이 되었다.

한 걸음씩 비행기에서 내려오는 빌리 그레이엄 목사를 보면서 나는 내가 과연 통역을 잘 할 수 있을지, 그의 영어 메시지를 청중들에게 잘 전달할 수 있을지 걱정이 되었다. 미국에서 고등학교 다닐 때 선생님 몰래 사우스 캐롤라이나에서 뉴욕까지 가서 빌리 그레이엄 목사의 설교를 들었던 나는 그를 가까이에서 보게 되자 가슴이 두근거렸다. 하지만 그런 생각을 오래 할 겨를도 없이 빌리 그레이엄 목사 옆에 서서 통역을 시작해야 했다.

옆에서 지켜본 그레이엄 목사는 역시 하나님이 쓰실 만한 큰 인물이었다. 당시 미국에서 인권문제 등으로 반한(反韓) 분위기가 고조되었던 터라 정부에서 특별히 네 대의 리무진을 마련해 주었는데 그레이엄목사 부부에게는 그 가운데 캐딜락이 제공되었다. 그러자 빌리 그레이엄 목사는 몹시 놀라며 이렇게 말했다.

"이 차는 굉장히 크군요. 전도하러 온 나라에서 이렇게 큰 차를 타고 다닐 수는 없습니다. 내게 좀더 작은 차를 줄 수는 없나요?"

나는 그 자리에서 이렇게 둘러댔다.

"한국에서는 비록 가난하게 살지언정 자기 집을 찾아온 손님이 밥상을 받지 않으면 자길 괄시한다고 생각해요."

그제서야 그레이엄 목사 부부는 캐딜락에 올라탔다.

나는 미국에서 대학에 다닐 때와 집회를 앞두고 미국 친구들에게 빌리 그레이엄 목사 부부에 대해 좋지 않은 말들을 많이 들었었다. 그런데 막상 직접 대면하고 대화를 나누어보니 그에 대해 내가 갖고 있던 선입견이 많이 그르단 걸 알 수 있었다. 그들은 소박하고 겸손했다.

대회가 시작되기 전에 여의도순복음교회에서 BGEA 주최 복음전도학교가 열렸는데 빌리 그레이엄 목사가 설교를 맡았다. 최초의 공식통역으로 이를테면 나의 시험무대였다. 다행히 나는 별 무리 없이 통역을 했고 설교가 끝나자 나를 통역자로 세우는 것을 못미더워 했던 사람들도 비로소 안심하는 표정을 지었다.

5월 26일 아침, 빌리 그레이엄 목사는 박정희 대통령을 예방하고 성경책을 선물로 주었다. 한경직 목사님을 비롯한 대회 주요 관계자들이 청와대에 동행했다. 오전 열한 시 조선호텔에서 기자회견을 가졌는데 이번엔 세 번째 통역이었기 때문에 나는 여유를 갖고 편안한 마음으로 할 수 있었다.

그날 저녁 주한 미국 대사 필립 하비브가 빌리 그레이엄 부부를 위해 만찬을 베풀어주었다. 나와 아내 트루디도 미 대사관저에서 열린 조촐한 만찬회에 초대되었다 그날 만찬회 석상에서의 대화 주제는 단연 전도대회였다. 하비브 대사는 그 자리에서 이렇게 예언했다.

"첫날 저녁에는 50만 명이 모일 것이고 마지막 날에는 100만 명이 될 것입니다."

그 소리에 모두들 고개를 끄덕였지만 실제로 그렇게 생각한 사람은 아무도 없었을 것이다. 대회 관계자들은 10만 명이 모여도 광장이 너무 넓어 썰렁할 거라며 모두들 대회를 앞두고 다들 걱정을 많이 하고 있었다.

당시 쉰 다섯이었던 빌리 그레이엄목사는 집회 전에 통역자인 나와 함께 기도하면서 메시지를 연구하였다. 그레이엄이 우상숭배자이며 폭정으로 유명했던 구약 속의 아합 왕에 관한 이야기를 예화로 들겠다고 하기에 나는 박정희 대통령이 오해할 수 있을지도 모르겠다는 의견을 내놓았다. 그러자 그레이엄은 두말 않고 소경 바디메오의 일화로 바꿨다.

그가 모든 예화와 언급할 항목을 철저히 점검하는 것을 보고 나는 큰 감명을 받았다. 그는 가능한 한국과 관련된 예화를 찾으려는 노력을 했다. 예수님의 십자가를 설명하면서 한국 군인 가운데 낙하산이 펴지지 않은 부하를 살리려다 죽은 이 중사 얘기를 준비했다. 또 한국이 빠른 경제발전을 이뤄가고 깨끗한 거리를 갖고 있으며 형사범죄가 적고 새벽기도를 많이 한다는 점 등을 꼼꼼히 조사해 온 것에 또 한 번 놀라지 않을 수 없었다.

그는 나에게 그가 준비한 예화가 한국의 문화적인 배경과 맞을 것인지에 대해 묻곤 했다. 내가 한국말로 통역이 곤란한 것을 지적하거

영적으로 하나가 된 두 '빌리'
빌리 그레이엄 목사의 서울 전도대회는 우리나라 침례교 역사에도 큰 의미가 있지만 내 개인에게도 큰 전환점이 되어주었다. 그때까지만 해도 우리나라에는 잘 알려지지 않았던 나의 존재는 그의 통역을 맡으면서 국내는 물론, 해외까지 더욱 널리 알려지게 되었다.

나 문화적으로 한국인들에게 전달되기 힘든 내용이라고 말하면 귀 담아 듣고 참고로 삼았다. 그리고 한국에도 양(羊)이 있는지와 한국전쟁 때 미군들에 대한 얘기를 확인하는 등 세심하게 준비했다. 그가 세심한 부분까지 신경쓰는 것을 보고 나는 왜 그가 세계적인 설교가가 되었는지 짐작할 수 있었다.

특히 그는 언어와 낱말을 선택하는데 아주 정확했다. 그리고 그는 이미 설교를 완전히 준비했더라도 기도하는 가운데 강한 충동을 받으면 설교 내용을 달리했다. 대회 기간 동안 그는 두 번 준비된 설교가 아닌 기도하면서 얻은 강한 영감에 따른 설교를 했다. 나 역시 아무 준비 없이 즉석에서 통역을 해야 했음은 물론이다.

빌리 그레이엄 전도대회 첫날인 1973년 5월 31일 저녁, 빌리 그레이엄 목사와 나는 여의도 광장에 한 시간 전에 도착했다. 대회 관계자들의 우려를 불식시키고, 마포대교로 차가 다니지 못할 정도로 인파가 몰려들기 시작했다. 한강대교로도 수많은 사람들이 건너왔다. 대회 시작 시간 전에 이미 광장에는 50만 명의 거대한 군중이 모였다. 집회 준비위원들은 모두 감격의 눈물을 흘렸다. 빌리 그레이엄 목사는 내 귀에 대고 이렇게 속삭였다.

"이렇게 많은 인파는 처음입니다. 마음이 떨립니다. 함께 손잡고 기도합시다."

그때 나는 세계적인 복음전도자도 떤다는 사실에 놀랐고 자신이 떨린다는 것을 솔직하게 말하는 그의 겸손함에 다시 한 번 놀랐다. 우리는 손을 잡고 하나님께 용기를 달라고 기도했다. 나 역시 가슴이 쿵쾅거리며 온몸이 떨렸다. 하지만 정작 설교가 시작되자 나 자신도 모르는 어떤 힘이 솟았고 통역은 일사천리로 이루어졌다.

첫날 대회가 끝난 뒤 빌리 그레이엄 목사는 나의 통역에 대해 이렇게 평가했다.

"덴마크에서 열린 부흥회에서는 통역을 여섯 번이나 바꿨습니다. 한국에 당신과 같이 영어 잘하는 사람이 있는 줄 미처 몰랐습니다."

첫날 이후 전도대회에는 매일 50만여 명의 인원이 참석 했고 6월 2일에는 65만 명이 참석 했다. 그리고 6월 3일 오후 3시, 마지막 집회를 위

그레이엄 서울 전도대회때 여의도 광장을 꽉 매운 인파

1973년 치러진 빌리 그레이엄 목사의 서울 전도대회는 관계자들의 걱정을 단번에 불식시키고 수많은 인파를 행사가 있는 여의도 광장으로 불러모았다. 마지막 날 광장을 찾은 사람은 모두 117만 명. 한국 개신교의 역사가 새롭게 써지는 순간이었다.

해 빌리 그레이엄 목사와 나는 두 시간 전에 광장에 도착했다. 집회가 가까워올수록 사람은 더 늘어났으며 광장 양편에 눈이 닿을 수 있는 곳과 앞자리 좁은 공간까지 사람들이 빽빽이 들어찼다. 마지막 날 대회본부에서 집계한 공식 참여인원은 117만 명이었다.

설교가 끝나고 새 신자들에게 상담용지를 나눠줄 때 빌리 그레이엄 목사 부부가 탄 헬리콥터가 하늘 위로 떴다. 한경직 목사님이 조용히 손을 들고 말했다.

"여러분, 빌리 그레이엄 목사님이 여러분에게 일일이 작별인사를 할 수 없기 때문에 대신 그가 탄 헬리콥터가 광장 상공에서 작별인사로 원을 그릴 것입니다."

그 말이 끝나자마자 117만 명의 군중들이 모두 일어서서 손에 들고

있던 종이나 신문, 손수건 등을 흔들었는데 빌리 그레이엄 목사는 미국에 도착해 그때의 감상을 담은 공식 서한을 보내왔다.

"군중의 파도치는 모습에 가슴이 벅차 형언할 수 없는 감정을 느꼈습니다. 내가 할 수 있는 유일한 논평은 하나님께서 이루신 이 모든 일에 감사한다는 것 뿐입니다. 나의 사역뿐 아니라 기독교 교회사에 있어서도 복음을 직접 제시해 본 가장 큰 대회가 될 것입니다."

한경직 목사님은 나의 통역을 "두 빌리는 하나의 영(靈)이었다"고 표현했다. 내가 하우스보이 시절 미군들이 지어준 영어 이름이 바로 빌리가 아니던가.

빌리 그레이엄의 전기를 쓴 존 폴락은 「여의도 광장 백만 명」이라는 글에서 나의 통역을 이렇게 평가했다.

"김장환 목사는 실제로 빌리 그레이엄을 뛰어난 설교자로 인식시키는 데 부족함이 없었다. 몸짓, 억양, 표현의 강약에 있어 두 사람은 신비로울 정도로 똑같았다. 그레이엄을 개인적으로 알며 한국어에 능한 한 선교사는 김장환 목사의 설교가 그레이엄의 목소리처럼 들린다고 생각했다고 한다. 어떤 텔레비전 시청자는 무심코 텔레비전을 켰다가 김 목사가 설교자이고 빌리 그레이엄이 미군 통역자라고 생각할 정도였다."

한국 대회 장면은 ABC와 NBC 방송을 타고 미국 전역으로 전해졌다. 그 후 미국에서는 '그레이엄 옆에서 통역한 키 작은 목사'를 찾는 소리가 자주 들렸다. 미국 방송이 한국의 인권에 관한 좌담회를 열어도 목사인 나를 즐겨 찾았다. 앞서 얘기했던 박정희 대통령과의 인연도 외국 방송에서의 좌담이 계기가 되었다.

1973년 5월 30일부터 6월 3일까지 열린 빌리 그레이엄 전도대회는 한국개신교 발전에 일대 전환점이 되었다. 5일간 총320만 명이 모였으며 마지막 날 모인 117만 명의 인파는 집회사상 세계 최고 기록이다. BGEA가 집회를 준비하는 동안 동참한 한국 관계자들은 대형집회에 관한 비법을 고스란히 전수받았으며 이 집회는 한국의 대형집회와 대형교회의 시작이 되었다. 1970년대 한국 교회는 빌리 그레이엄 전도 대회를 통해 400퍼센트의 성장을 이루는 결실을 맺었다.

빌리 그레이엄 한국 전도대회는 수많은 사람들의 기도와 준비가 있었기 때문에 성공할 수 있었다. 대회를 준비한 대회장 한경직 목사님을 비롯하여 명예회장 백낙준 박사, 부회장 김옥길 전 이화여대 총장, 총무 오재경 전 문화공보부장관, 협동총무 김준곤 CCC총재 등 많은 사람들이 자신들의 일을 뒤로 하고 대회 성공에 헌신했다.

한번은 미국 집회를 갔을 때 한 교포가 전화를 했다. 빌리 그레이엄 목사의 생일인 11월 7일에 모 지방 TV에서 1973년 서울에서 열린 전도대회가 방영되었다고 했다. 10여 년이 지났어도 많은 미국인들이 한국 전도대회를 빌리 그레이엄 목사 전도때 집회 사상 가장 많이 모인 집회로 기억하고 있다.

현재 그레이엄은 아들 프랭크에게 빌리 그레이엄 전도협회(BGEA)의 책임을 넘겨주고 일년에 한두 차례 부축을 받아가며 집회를 연다. 우리로서는 반감을 살 만한 세습인데도 그들에겐 전혀 문제가 되지 않는다. '누구든 자기 인생은 자기가 책임지는 것'이란 사고가 강하기 때문이다.

그레이엄 목사에겐 한국을 사랑해야 하는 남다른 이유가 있다.

아내 룻이 중국에서 태어나 평양의 외국인 기숙학교에서 공부를 했기 때문이다. 의료선교사인 아버지를 둔 룻이 중국에서 평양으로 건너간 것은 열세 살이던 1932년의 일이다. 언니 로자도 그 학교에 유학하고 있었다. 그때의 외로움이 얼마나 깊었던지 룻은 지금도 간혹 그 때를 떠올린다고 한다.

통역에 관한 재미있는 에피소드가 있다. 지금은 나의 가장 친한 친구가 됐지만 여의도순복음교회의 조용기 목사는 그때까지만 해도 서로 이름만 아는 정도였다. 훗날 우리가 친해졌을 때 그가 들려준 이야기이다.

"헨리 할리가 나에게 통역을 맡기겠다며 그레이엄 목사의 설교집과 테이프를 주었어요. 그때만 해도 빌리 그레이엄 목사님을 하늘같이 생각할 때였죠. 그래서 그걸 가지고 열심히 통역 연습을 하고 있었는데 다른 사람으로 정해졌다며 미안하다는 겁니다. 처음부터 부탁을 안했으면 모르겠는데 못 하게 되니 섭섭하더군요.

그래서 매일 집회에 참석하여 김 목사가 얼마나 잘하나 꼼꼼히 들었지요. 영어는 잘하지만 한국말은 나보다 못할 거라고 생각하고 듣다가 한 가지 흠을 발견했어요. 그레이엄 목사가 '개미집을 밟아 수 많은 개미가 다쳤다' 고 말하는데 김 목사는 '여러분, 개미집이 고장났습니다' 하는 겁니다. 그래서 내가 옆에 있던 목사님에게 '세상에 저걸 통역이라고 하나. 어떻게 개미가 고장날 수가 있느냐 개미가 자동차냐?' 하면서 흉을 봤죠. 하지만 솔직히 통역은 매우 훌륭했죠. 사실 경상도 말을 하는 내가 통역을 했더라면 더 서툴 수도 있었을 거예요. 하지만 당시에는 내가 더 유명했고 나에게 먼저 통역 의뢰가 왔었던 것이기 때문에 샘이 좀 났었지요."

그래서인지 그레이엄 한국대회가 끝난 뒤 조용기 목사가 만나자는 연락을 해왔다. 조 목사도 아세아 방송에 관심이 있었는데 그것도 나에게 넘어오고 통역마저 그렇게 되니 뭔가 이상하다는 생각이 들었던 것이다. 내가 두 살 많지만 이제 우리는 절친한 친구가 되었고, 그런 우리를 사람들은 '바늘과 실' 이라고 부른다.

전도대회가 남겨준 것들

빌리 그레이엄 전도대회를 거치면서 나는 이런게 인생이구나 하는 생각이 여러 차례 들었다. 첫날 대회가 끝나자 일간지 기자들의 인터뷰 요청이 빗발쳤다. 나는 당시까지만 해도 당연히 대상자가 그레이엄 목사라고 생각했다. 그러나 정작 인터뷰 석상에서 기자들은 나에게 질문을 퍼부었다. 적당히 얼버무렸으나 다음날 나에 관한 기사들이 실렸을 때 나는 당혹감을 감추지 못했다.

기자들은 별로 알려지지 않은 시골 목사의 영어 실력에 관심이 많았다. 내가 빌리 그레이엄 목사의 설교를 통역할 때 미리 원고를 외워서 한다는 얘기들도 있었는데, 기자들은 마지막 날이 되어서야 나의 영어실력을 인정하게 되었다고 한다. 마지막 날 대회장인 한경직 목사님이 나와서 대회를 마치는 인사를 한국말로 하였다. 그때 내가 그 말을 영어로 통역 했는데 그제서야 많은 사람들이 의심을 거두었다는 것이다.

대회가 끝나기 전날 인터뷰 요청이 쇄도하자 나는 대회가 끝난 뒤 어떻게 해야 할 것인지 고민해야 할 형편이었다. 궁리 끝에 당시 공군병원의 박경화 원장에게 전화해서 병실을 하나 달라고 했다.

"목사님, 어디 아프세요?"

"아뇨, 여기저기서 나를 인터뷰하자고 하는데 집으로 가면 안될 것 같아 당분간 피신하려고요. 거기 있으면 아무도 모를거 아닙니까?"

"아니, 무슨 말씀이신지요. 이 기회에 유명해지면 좋지 않습니까?"

"아니에요. 저는 단지 심부름꾼에 불과한데 제가 드러나면 안 되지요. 유명세라는 것은 오늘 있다가 또 내일 없어지는 것입니다. 목사가 명예욕을 갖기 시작하면 어떻게 되는지 많이 목격했습니다."

이에 박 원장은 두말 않고 병실을 마련해 주었고, 빌리 그레이엄 목사가 떠난 후 나는 공군병원에서 오랜만에 푹 쉴 수 있었다. 유일하게 아내 트루디에게만 나의 행방을 알렸다. 아내의 "이럴 때일수록 겸손한 마음을 가지세요"란 한마디는 자칫 흐트러질 수 있는 나의 마음을 다시 한 번 다잡아 주었다.

하지만 일주일 후 집으로 돌아왔을 때 나는 내가 생각했던 것보다 훨씬 더 유명해져 있었다. 빌리 그레이엄 한국대회의 광경이 NBC-TV와 ABC-TV를 통해 미국 전역에 방송된 덕을 톡톡히 본 셈이다.

하지만 좋은 일만 생긴 건 아니었다. 빌리 그레이엄 한국 전도대회의 성공 소식이 미국 전역에 알려지자 1973년 6월 22일 모교 밥 존스 대학교의 총장 밥 존스 3세는 내게 혹독한 내용의 편지를 보냈다.

"밥 존스 대학교와 가졌던 모든 관계를 부인하고 밥 존스에서 교육 받았다는 것을 누구에게도 말하지 말라. 당신은 위선자이며 우리 기관의 영예가 아니다. 미국에 기금을 모금하러 올 때도 여행 일정표에 밥존스 대학교는 넣지 말라. 하나님의 관점에서 볼 때 당신은 실패자이며 당신은 이제 우리 가족이 아니다."

내 이름은 동창회 명부에서 바로 지워졌고 밥 존스 출신 후원자들은 나에게 보수 진영을 떠나 인본주의로 갔다면서 선교비 지원을 중단했다. 나는 그날 이후로 밥 존스 대학교를 방문한 적이 없지만 후배들의 말을 들어보면 밥 존스 출신 가운데 빌리 그레이엄과 빌리 김을 모르는 학생은 없다고 한다.

이럴 때 그레이엄 목사가 미국에서 보내준 편지는 큰 위안이 됐다.

"박정희 대통령에게 서신으로 우리가 한국에서 받았던 최고의 정중한 환대에 대해, 또 수고한 모든 공무원들에 대해 감사의 마음을 전했습니다. 당신이 몇몇 친구들에게서 어려움을 당하고 있는 것은 참으로 유감스러운 일입니다. 당신이 미국에 오면 나에게 전화해 주시기를 바랍니다. 나는 우리와 친교를 맺지 않는 전도자들은 점점 줄어들 것이라고 생각합니다."

그레이엄 목사는 국내 기독교계뿐 아니라 정치권에서도 만나고 싶은 인물 1순위이다. 아이젠하워부터 제럴드 포드까지, 미국의 대통령은 그레이엄과 핫라인을 통해 국가적 대사가 있을 때마다 조언을 듣고 기도를 요청 했으니 우리 정치인들의 관심은 어찌 보면 당연한 것이었다.

그레이엄 목사의 한국대회를 허가하기 전 청와대에서 윤치영 공화당 의장을 통해 그레이엄 관련자료를 요구한 것으로 보아 그때까지 박정희 대통령도 그의 '위력'에 대해 잘 몰랐던 것 같다.

당시 국무총리였던 김종필 총재는 그레이엄 목사의 영향력을 확실히 인식하고 있었다. 대회기간에 유럽순방 중이었던 김총리는 그해 7월 그레이엄에게 편지를 띄웠다.

"대회에 참석하지 못한 것을 유감으로 생각합니다. 대신 설교를 테이프로 들으며 많은 위로를 받았습니다. 그리고 미국 국민과 한국 국민 사이에 이해를 넓히기 위해서는 목사님의 적극적인 협력이 필요합니다."

김종필 총리는 6월 23일 새로운 외교정책이 마련되었다는 것을 밝히고 당시 미국 내에서 일고 있던 반한(反韓) 기류에 대한 우려를 표명하면서 이렇게 덧붙였다.

"조금 더 자세한 이야기는 당신의 한국 전도대회 때 훌륭한 통역을 맡아준 김장환 목사를 통해 들을 수 있을 것입니다. 김장환 목사는 내달 초 미국을 방문할 예정입니다. 당신의 협력과 기도를 부탁드립니다."

미국에서는 그때 유신에 대한 반감이 큰데다 1954년부터 국내에서 선교활동을 펴왔던 조지 오글 목사가 유신반대 투쟁에 가담했다는 이유로 추방당한 터라 한국에 대한 감정이 극도로 나빴다. 오글 목사는 1999년에 부산 민주항쟁 기념사업회 초청으로 한국을 찾아 언론의 조명을 받았었다. 이리하여 나는 긍정적으로 말하면 애국적인 활동, 부정적으로 말하면 정치판에도 간접적으로 얽혀들게 되었다.

아무튼 빌리 그레이엄 한국 전도대회 이후 나에게는 세계 여러 곳에서 집회 요청이 쏟아졌다. 나는 1959년 12월에 유학을 마치고 귀국하여 1960년에 수원 YFC(10대 선교회)를 창설, 청소년 선교를 하면서 세계 YFC 대회와 밥 존스 동창들의 집회 요청으로 해외출입이 잦았다.

빌리 그레이엄 전도대회 이후에는 이전과 달리 대형 집회에서 나를 초청하는 일이 많아졌다.

빌리 그레이엄 목사는 노환을 앓고 있어 거동이 불편한 가운데서도 전도 대회를 가졌다. 나는 빌리 그레이엄 목사에게 자주 전화와 편지로 안부를 묻는다. 빌리 그레이엄 전도협회는 대형 집회를 열 때마다 아시아 대표로 변함없이 나를 초청하고 있다.

최근 빌리 그레이엄 목사와의 만남

전도의 1차 대상 우리 가족

귀국 직후 나는 곧바로 서울에 있는 세관과 대사관 등지를 돌아 다녔다. 자동차와 냉장고 등 전자제품을 인천 세관에서 찾아와야 하는데다 무엇보다 아내의 거주 허가를 받아야 했기 때문이다. 그때 서울시 청 앞에서 누군가가 "헤이, 빌리 킴!" 하고 부르는 것이었다. 서울거리 한복판에서 대체 누구일까 깜짝 놀라 살펴보니 모르는 한 남자가 서 있었다. 그는 자신을 잭 베스킨이라는 성서침례회 선교사라고 소개했다.

미국에서 나에 관한 소문을 들었으며 내 얼굴을 신문지면을 통해 봐서 안다고 했다. 그러면서 그가 한국에서 선교단체를 등록하는 요령을 가르쳐주었고 여러 선교사들을 만나게 해주었다. 그렇게 만난 선교사들을 통해 나는 한국의 실정을 알고 앞으로 내가 나아갈 방향을 잡을 수 있었다.

귀국한 지 닷새째 되는 날엔 아내와 함께 외무부를 찾아갔다. 아내의 거주 허가를 받기 위해 출입국 관리 담당을 찾아갔는데 한 직원이 벌떡 일어나더니 "장환아!" 하고 외치는 게 아닌가? 누군가 하고 보니 바로 중학교 동창인 안세훈이었다. 그는 연세대 정치외교학과를 졸업하고 외무부에서 3년째 근무하고 있었다. 유학 기간 동안 계속 편지를 주고 받다가 귀국 2년 전부터 그만 소식이 끊어졌던 친구였다. 또 이렇게 그의 도움으로 아내의 거주 허가 수속도 잘 마쳤으며 마침 인천세관총무과장이 안세훈 친구의 형이라서 미국에서 선교를 위해 가져온 자동차 통관도 쉽게 이루어질 수 있었다.

안세훈은 그날 우리 부부를 데리고 사무실 옆 동림빌딩 스카이라운지 양식집에서 점심을 사주었다. 아내는 당시 밥을 잘 먹지 못해 매일 사과와 과자로 끼니를 때우던 터였다. 오랜만에 먹는 양식이 너무나 맛있어 둘이 접시를 깨끗이 비우자 안세훈은 걱정스런 얼굴로 우리를 바라봤다. 그는 지금도 나를 만나면 내 아내가 한국으로 시집온 것은 지금 한국 여자가 아프리카로 시집가는 것과 마찬가지라는 말을 자주한다.

아내와 함께 나가면 사람들은 우리를 부부로 보는 것이 아니라 나를 아내의 운전기사쯤으로 여겼다. 나는 사실 은근히 속이 상했다. 1960년 초, 그때만 해도 미국 사람에 대한 선망은 대단했고 그래서 아내에게 무조건 호의를 베풀려는 사람도 많았다.

한번은 미국 친구가 선교비로 보내준 송금수표를 현금으로 바꾸려고 은행을 찾았다. 돈이 급히 필요한 상황이었는데 은행원은 2개월 뒤 추심이 끝나야 현금을 지급 하겠다고 말하는 것이었다. 아무리 사정해도 막무가내였다. 하는 수 없이 아내를 데리고 갔더니 2개월 후에나 가능하다던 현금이 즉석에서 나왔다.

그 순간 형언할 수 없는 환멸감과 함께 눈물이 핑 돌았다. 어쩔 수 없는 사대주의에 마음이 슬펐다. 좋지 않은 풍조를 없애기 위해서라도 조국의 복음화를 서둘러야겠다는 각오를 새롭게 다졌다.

또 아내를 만나려고 고아원 원장이나 구호단체 사람들이 매일 우리 집을 찾아왔다. 우리가 부자라는 헛소문이 난데다 미국 사람이니 어떻게든 미국과 다리를 놔서 지원금을 받도록 해줄거라는 기대 때문이었다. 나는 한국 실정을 잘 모르는 아내가 이용당할 수 있기에 일체의 접촉을 차단했다. 언론에서도 우리 부부를 취재하겠다는 요청이 많았지만 그것도 응하지 않았다.

2000년 12월 우리 부부가 KBS - TV 〈아침 마당〉에 출연한 일이 있는데 이것은 아내가 한국에 온 지 40년 만에 처음으로 TV에 얼굴을 비춘 것이었다.

집도 찾아오고 아내에 대한 수속도 마치자 본격적인 활동이 시작되었다. 전도의 1차 대상은 우리 가족이었다. 그때 우리 집은 여전히 터줏자리 3개를 두고서 토속신앙을 믿고 있었다. 어머니는 내가 미국에 있는 동안 매일 정한수를 떠놓고 빌었다. 큰형님은 내가 돌아오자마자 나를 아버지 산소로 데리고 갔다. 그리고 형수가 산소 앞에 술과 과일을 차리자 나에게 절을 하라고 했다.

그러나 내가 그 자리에서 기독교와 추도예배에 대해 설명을 하고 그냥 기도만 드리겠다고 말하자 큰형님의 얼굴은 마치 가면을 쓴 것처럼 굳어졌다. 두 형은 내가 아버지뻘인 큰형님에게 내 주장을 펴는 것을 보고 놀란 것 같았다. 오랜만에 돌아온 동생을 야단칠 수도 없어서인지 큰형님은 나에게 절 할 것을 강요하지는 않았지만 그때 성묘는 서먹서먹하게 끝나고 말았다.

당시 셋째 형은 직장을 잃고 방황하고 있었는데 어느 날 저녁에 나를 찾아와 "철없던 네가 큰형님께 너의 신앙에 대해 확신하며 진실하게 말할 때 나는 감동받았다. 나도 너 따라 예수를 믿고 싶다"고 말했다. 이렇게 셋째 형이 예수를 믿겠다고 하자 다른 가족들도 조금씩 변화를 보이기 시작했다. 아버지 제삿날이 되었을 때 나는 큰형님께 한 번만 추도예배를 드릴 수 있게 해달라고 당부했다. 그래서 다 같이 모여 예배를 드리고 고인의 발자취를 더듬으며 인상적인 일들을 얘기하는 시간을 가졌다. 그러자 며느리들이 가장 먼저 예수를 믿겠다고 나섰다. 음식 준비하느라 고생 안해도 되고 제사 후 남자들이 술자리를 갖는 일이 사라져 너무 좋다는게 이유였다.

가족들이 쉽게 마음을 연 것은 무엇보다도 아내 트루디의 태도 때문이었다. 트루디가 불편한 상황에서도 불평 한마디 없이 아침 일찍 일어나 불을 때고 쇠죽을 끓이며 어머니를 잘 모시는 모습을 보고 가족들 모두가 큰 감동을 받았던 것이다. 얼마 지나지 않아 큰형님은 집안의 터줏자리 3개를 모두 불살랐고 그렇게 온 가족이 예수를 영접했다.

하루 24시간을 선교한다

　이런저런 절차를 마무리하고 내가 한국에서 가장 먼저 추진한 공적인 일은 YFC (10대 선교회) 결성이었다. 이 일로 미국에 나가야 할 일이 많았으나 한국 국적을 갖고 있는 나에게는 좀처럼 여권이 나오지 않았고 어쩌다 여권이 나와도 단수여권이라 한 번 갔다오면 다시 쓸 수가 없었다. 그래서 국제회의에 제때 참석하지 못하는 일이 많았다.
　결국 장인이 돌아가셨을 때도 여권이 안 나와서 장례식에 참여하지 못했다. 아내는 김추리(金秋利)라는 이름으로 호적에 올렸으나 국적을 바꾸지는 않았다. 국적을 바꿀 경우 부모형제 모두 미국에 있는 아내의 발목을 잡는 일이 되기 때문이었다.

　그리고 나는 집 지을 장소를 물색하러 다녔다. 선교를 활발히 하기 위해선 사람들이 자유롭게 드나들 수 있는 공간이 필요했을 뿐만 아니라 장차 미국에서 파송될 기독봉사회 선교사들이 머물 자리도 필요했던 것이다. 수원 지역 곳곳을 두루 돌아다니다 인계동에 있는 땅 1200평을 평당 30원에 샀다. 땅을 1200평이나 산 이유는 미국에서 지원이 끊어질 경우 과수농사를 지어 필요한 자금을 모아야겠다는 판단에서였다.

지금은 수원 중심가가 되었지만 당시 인계동 우리 집 주변은 허허벌판이었다. 길 건너에 화분공장이 하나 있었고 보이지 않는 아래쪽에 집이 몇 채 있었지만 소리쳐도 들리지 않을 정도라 우리 집은 완전히 외딴집이나 다름없었다. 버스가 다니지 않은 것은 물론이고, 수도도 집을 지은지 20년 뒤에야 연결될 정도로 변두리였다.

100평 대지에 건평 28평짜리 집을 짓기 시작했다. 미국에서 온 매카피 선교사가 대강 설계를 하고 일은 수원교도소 모범수들이 맡았다. 귀국하자마자 교도소에 위문품을 사들고 가서 정기적으로 말씀을 전하자 모범수들이 은혜를 갚겠다며 자청하고 나서준 것이다. 당시에는 모범수들이 나와서 모도 심고 밭일도 하는 등 모자라는 농촌 일손을 도왔다.

자재 값만 들여 완공을 한 비전문가가 지은 집은 처음부터 많은 문제를 일으켰다. 특히 구들장을 기술적으로 놓지 못해 온 가족이 연탄가스를 마시고 병원신세를 진 것만도 일곱 번이나 됐다. 또 워낙 외진 곳이라 도둑이 네 번이나 들어 전축도 가져가고 선교비를 훔쳐가기도 했다.

일년에 한 번씩은 꼭 크게 수리를 해야 할 정도로 집은 부실했지만 그래도 공간이 넓고 서구식 구조라 생활하기에 편리했다. 우리 집을 드나들던 미군이 일본출장을 다녀오면서 사온 펌프를 우물에 연결해 양변기를 사용했다.

초가집에 살 때부터 우리 집에는 성경공부를 하기 위해 학생들이 많이 몰려들었었는데 이제 집이 넓어져 그 학생들을 마음 놓고 부를 수 있어 더 좋았다. 집안이 가난해 학교를 못 다니거나 예수 믿는다고 쫓겨난 학생들은 아예 우리 집에서 함께 살게 했다.

미국 여자와 결혼한 선교사가 수원에 왔다는 소문이 오산 미군부대까지 퍼져 설교를 해달라는 요청이 왔다. 미군부대 설교를 계기로 미군들은 수시로 인계동 집을 드나들며 아내가 만들어준 음식을 먹고 향수를 달랬다.

이렇게 집에 드나드는 사람이 많으니 아내의 고생이 이만저만이 아니었을텐데도 아내는 어떤 불평도 하지 않았다. 고생은 다 선교를 위한 것이라고 생각하는 아내가 그저 고마울 따름이었다. 아내에게 한국음식 만드는 법도 가르쳐주고 집안 일도 많이 도와주는 셋째 형수도 정말 고마웠다.

나는 미국 유학 시절 전도여행을 다니면서 미국 내 여러 YFC 지부에서 일한 경험을 살려 귀국 1년 만인 1960년 12월에 수원 YFC를 창설했다. 1년 전에 길치수 목사에 의해 창설된 서울YFC에 이어 한국에서는 두 번째였다.

당시 우리나라에는 중고등학생들이 즐길 만한 놀이나 공간이 많지 않았다.

우선 각 고등학교 교장들을 만나 학교 강당에서 토요 집회를 열 수

청소년 부흥성회장에서

한국에 돌아와 나는 무엇보다. 청소년 선교에 온 힘을 쏟았다. 당시 놀 거리도, 놀 장소도 마땅하지 않던 많은 청소년들의 적극적인 참여와 협조 덕에 마침내 서울에 이어 두 번째로 수원에 YFC(10대 선교회)를 세울수 있었다.

있도록 해달라고 당부했다. 당시 학생들이 여가활동을 할 만한게 별로 없던 터라 교장 선생님들은 선뜻 허락해 주었다. 준비과정에서 학생회장들을 자연스럽게 접촉해 먼저 그들을 전도했다. 나는 학생회장을 전도하면 대개 그 아래 조직은 저절로 전도가 된다는 걸 이미 알고 있었다. 그래서 나의 전도방법을 주변에서는 피라미드식 전도법이라고 말하기도 한다.

주말이면 각 학교 강당을 빌려 대규모 집회를 열었는데 미국 YFC노래사절단 Teen Team(틴 팀)과 흑인 합창단 등이 와서 학교를 돌며 공연을 했다. 또 NBA 출신 농구 선수들로 구성된 선교 농구단이 농구시

범을 보이고 트럼펫도 불었다. 그 다음 나는 미국에서처럼 학생들에게 간증을 하면서 복음을 전했다. 가난한 어린 시절과 미국에서의 힘든 유학시절을 얘기하면서 청소년들에 희망을 품으라고 설교했다. 집회가 끝나면 세미나, 퀴즈대회, 스포츠, 드라마 등 각종 선교 프로그램으로 학생들을 사로잡았다. YFC 집회는 초창기부터 천여 명의 학생들이 모일 정도로 폭발적인 인기를 끌었다.

평일에는 수원 시내 우시장을 비롯한 장터를 돌아다니면서 곡마단처럼 마이크를 설치하고 음악을 연주하면서 전도를 했다. 미국에서 온 음악 팀과 함께 나가기도 하고 YFC 활동을 돕는 대학생들과 함께 나갈 때도 있었다. 처음에 사람들 앞에서 연설을 할 때 나는 한국말이 잘 나오지 않아 통역을 세우기도 했다. 한국어는 귀국하고 1년 정도가 흘러서야 겨우 내 뜻대로 구사할 수 있었다.

아내와 나는 하루 24시간을 선교한다는 각오로 달렸다. 신기한 것은 아내는 한국말을 잘 못할 때부터 교도소에 성경을 가르치러 다녔다는 것이다. 여자 죄수들을 위해 10년도 넘게 성경을 가르쳤는데, 아내는 이때부터 스스로 할 일을 찾아 선교를 잘 해나가고 있었다.

보람 있던 YFC 활동

많은 학생들이 YFC 집회에 몰려들자 이제 수원 시내 학교 강당을 빌리는 데도 한계가 있었다. 무엇보다 학생들이 마음껏 활동할 수 있는 회관이 필요했다. 장소가 확보되어야 다양한 활동을 주도적으로 펼칠 수 있기 때문이었다.

나는 1965년 말 안식년 휴가를 얻어 미국으로 모금 집회를 떠났다. 나는 1960년도부터 YFC 국제회의 때문에 미국을 자주 오갔지만 아내는 1961년 장인이 돌아가셨을 때 잠깐 미국에 다녀온 것을 제외하곤 본격적인 미국 나들이는 처음이었다. 당시 다섯 살이던 아들 요셉과 세 살이던 딸 애설도 함께 여행길에 올랐다.

휘발유가 가장 적게 드는 폴크스바겐 버그라는 자동차를 타고 미국을 동서로 세 번이나 횡단했다. 꼬박 열여섯 시간 동안 달린 적도 있었다. 아이들이 모텔에서 자자고 칭얼거리면 나는 조금만 더 가면 공짜로 잘 수 있는데 뭐 하러 20달러나 내고 자느냐면서 아이들을 달랬다. 중간에 한 번도 쉬지 않고 달리는 바람에 아이들은 깡통에다 오줌을 누어야 했다. 그렇게 거의 차안에서 생활하며 8개월을 돌아다닌 끝에 20만 달러라는 큰 돈을 모금할 수 있었다. 주로 밥 존스 동창들의 교회에서 집회를 한 뒤 특별헌금 시간을 갖는 것으로 모금을 했다.

1966년 한국으로 돌아와 그 돈으로 수원 시내 요지에 기독회관 부지 1000평을 살 수 있었다. 당시 YFC 회원들도 신문이나 군고구마, 땅콩 등을 팔고 구두를 닦아 모금에 동참했다. 그렇게 해야 자신들의 건물이라는 애착을 가질 수 있다는 판단에서 내가 독려한 것이다.

건평 400평의 기독회관은 조감도, 건축 진척도와 헌당식이 일간지에 낱낱이 보도될 정도로 큰 관심을 끌었다. 당시 2층으로 건립되었다가 나중에 3층으로 증축되었다. 1967년, 완공되었을 당시 실내 체육관, 도서실, 소강당, 응접실, 식당사무실이 모두 갖춰진 초현대식 건물이라서 크게 보도되었다. 당시 국내에 실내체육관은 별로 없었기 때문에 국가대표 농구 선수들이 우리 기독회관에서 연습을 하기도 했다.

기독회관의 강당을 '칼 파워스 기념관'이라고 하려 했으나 드러나길 싫어하는 칼 파워스 씨가 끝내 거절하여 대신 그의 아버지 이름을 따 '에이사 파워스홀'로 명명 했다. 마침 칼 파워스 씨의 동생 클로드 씨가 오산 공군기지에서 복무 중이어서 기독회관 준공식에 참석했다.

기독회관이 완공되자 불우한 청소년들을 위한 선교활동을 더욱 활발하게 펼칠 수 있었다. 직업소년학교를 개설해 매일 저녁 두 시간씩 구두닦이 학생 마흔 명에게 중등교육을 실시했다. 또 수원 시내 중고교 교사의 후원으로 중등교육을 비롯해 종교 교육과 기술 교육을 병행했다. 일반인을 위한 성경 공부반도 개설하고 각종 전도문서도 출판했다.

기독회관 헌당식 모습

내가 벌이던 청소년 선교는 기대 이상으로 호응을 불러왔다. 처음에 주변 학교 강당들을 빌려서 청소년들을 맞았지만 곧 그런 강당으로는 몰려드는 청소년들을 수용할 수 없었다. 이에 우리는 당시로서는 최신식 시설을 갖춘 기독회관을 짓기에 이른다.

1975년에는 기독회관 내에 수원 기독 야간 중학교를 개설해 모든 학년을 무상으로 교육했다. 수업을 맡은 선생님 마흔 명은 모두가 자원봉사자였다. 1980년도 중반에 지원자가 한 사람도 없을 때까지 가난한 학생들을 위한 가르침은 계속되었다. 뿐만 아니라 1년 과정의 한국 평신도신학교를 개설해 평신도 신학 교육을 실시했다. 1980년에는 중앙 유치원을 개설하여 아내가 원장을 맡아 지금까지 교육해 오고 있다.

지금 돌아보면 수원 YFC를 통해 훌륭한 인재가 많이 배출된 것이 무엇보다도 흐뭇하다. 훌륭한 설교가이자 기독교 서적 베스트셀러 작가로 주목받는 지구촌 교회 이동원 목사는 대학에 낙방한 뒤 선교사들에게 영어를 배우기 위해 YFC에 찾아왔다가 나와 인연을 맺었다. 카투사 출신이라 영어를 잘했던 그는 미국으로 유학 가 왈도 예거 장로댁에 기거하면서 디트로이트 바이블 칼리지를 졸업했다. 훗날 다시 미국으로가 박사 학위를 받고 돌아온 그는 출석교인이 수만 명이 넘는 지구촌교회를 이끌었다.

6천여 명의 교인을 이끌었던 제일성도교회 황진수 목사는 4.19때 학생운동을 하다가 잠시 교도소에 들어갔는데 그때 면회를 간 나와 인연을 맺게 되었다. 일주일 후 불기소로 풀려났지만 마땅히 갈 데가 없던 그는 한국성서신학교에 진학하고 YFC 활동을 하면서 7년 동안 우리 집에서 함께 살았다. 그는 훗날 총신대학을 졸업하고 장로교 목사가 되었는데, 제일성도교회는 청년신자만 천 명이 넘었다. 황목사는 지금도 수원 YFC에서 받았던 훈련이 청년 선교의 비전을 갖게 된 계기라고 말한다.

우리는 횃불 트리니티 신학대학원 부총장인 송용필 목사, 한국성서신학대학의 홍설자 교수, 서울신학대 총장 행정보좌역 이영자 씨 등 2백여 명을 미국으로 유학 보내면서 후원자와 연결해 줬다. 우리 교회의 송금섭 음악목사를 비롯해 한국 YFC 회장 신정범 목사 등 YFC 출신 가운데 목사가 많이 배출된 것이 무엇보다도 나를 기쁘게 한다.

나는 1966년에 한국 YFC를 결성하여 회장을 맡아 1997년까지 전국적인 활동을 펼쳤다. 수많은 청소년들에게 복음을 전한 것이야말로 가장 보람된 일이 아닐 수 없다.

담임목사가 되다

나는 열일곱 살 미국으로 유학가기 전까지 단 한 번도 교회에 나가 본 적이 없었기 때문에 귀국 후에도 한국의 교회 상황을 전혀 몰랐다.

그래서 빨리 교회 상황을 알아봐야겠다는 생각이 들어 귀국하자마자 수원 시내 교회를 순례했다.

1959년 귀국 당시 수원에는 침례교회라곤 지금의 권선구 교동에 자리 잡은 수원중앙침례교회 하나밖에 없었으며 그나마 교인은 열두명에 불과했다.

1951년에 세워진 이 교회는 건물이 낡아 비만 오면 줄줄 샜고, 마루는 금방이라도 내려앉을 듯 걸음을 옮길 때마다 삐걱거렸다. 장로교와 성결교, 감리교 등도 둘러보았는데, 수원중앙침례교회는 건물은 다 쓰러져 가면서도 다른 교회와는 달리 의자에 앉아서 예배를 드리고 있었다. 알고 보니 대부분 침례교인인 미군들이 부대에서 쓰던 의자를 교회에 갖다놓았던 것이다.

수원 중앙침례교회 첫번째 교회당

현재 수원중앙침례교회 내부 모습

처음에 나는 담임목사가 되고 싶지 않았다. 그저 자유롭게 여기저기를 돌아다니며 하나님의 말씀을 전하는 복음전도자(Evangelist)가 되고 싶었다. 하지만 지금은 내가 맡고 있는 여러 일 가운데 가장 소중히 여기는 직함은 바로 수원중앙침례교회 담임목사란 이름이었다.

　한국에서는 미국과 달리 침례교가 크게 부흥하지 못했다. 지금도 전체 한국 기독교인 1200만 명 가운데 침례교인은 100만명 가량에 지나지 않는다. 1889년 맬콤 펜윅 선교사에 의해 한국에 처음 침례교가 전파되었으나 주로 원산 이북이 대상이었고, 본격적인 선교는 미국 남침례교에 의해 1950년에야 이루어질 수 있었기 때문이다.

　지금은 한국에 침례교회가 2,800개에 이르지만 한 때는 침례교에 대한 이미지는 매우 부정적이었다. 내가 라디오 방송에서 침례라는 표현을 썼다는 이유만으로 이단(異端)이라는 말을 들었을 정도로 잘 알려지지 않은 교단이었다. 역시 한국 침례교를 알리는 데에 결정적인 계기가 된 것은 바로 앞에 얘기한 1973년 빌리 그레이엄 목사의 전도대회였다.

나는 1959년 겨울 수원중앙침례교회 예배에 나갔다가 최성업 담임 목사님께 인사를 드리는 자리에서 교회를 맡아 달라는 부탁을 받았다.

내 얘기는 익히 들었다며 자신은 너무 연로해서 더 이상 교회를 이끌어 나가기가 힘들다는 것이었다. 청소년 선교를 염두에 두고 있던 나로서는 장년층과 노년층이 주류를 이루고 있는 교회를 맡을 생각이 전혀 없었다. 그래서 그냥 옆에서 돕겠다고 했는데 당장 내가 설교를 맡아야 할 상황이었다. 결국 협동목사로 일하기로 하고 1960년 1월 1일부터 정기적으로 출석해서 자주 설교를 맡았다.

그러나 최 목사님의 건강이 더욱 나빠져 더 이상은 사양할 수 없는 입장이 되었다. 그래서 나는 1966년 1월 1일 수원중앙침례교회 담임목사로 부임했다. 그리고 한국전쟁 때 월남해 자녀가 없는 최성업 목사님을 나는 그가 세상을 떠날 때까지 극진히 모셨다.

교인들에게 부모를 공경하라고 백 번 설교하는 것보다 실제로 한 번 보여주는 것이 훨씬 효과적이라는 판단에서였다. 사실 내가 담임목사직을 수락한 데에는 또 다른 이유가 있었다. 미국에는 교회를 담임하지 않고도 복음전도자(Evangelist)로 활동하는 목사들이 많다. 하지만 한국에서는 담임하는 교회가 없으면 목사 대접을 받기 어려웠다. 집회에 초빙받아 가 보면 누구나 "어느 교회를 담임하십니까?" 라고 묻는다. 그리고 담임목사가 아니라고 대답하면 의아한 눈으로 쳐다보았다. 한국에서 목회 활동을 하는 이상 한국적 정서에 맞춰야 하는게 순리였기에 나는 결국 담임목사직을 수락하게 된 것이다.

내가 정식으로 부임한 그해, 학생들과 청년들이 2백여 명으로 불어나 8개월 만에 수원에서 가장 큰 교회가 되었다. 1960년대에 우리 교회에 출석했던 청년들 가운데 다수가 지금 우리 교회의 중추를 이루고 있다.

교인들이 늘어나자 교회 건축이 당면과제로 떠올랐다. 하지만 문제는 돈이었다. 교회 집사님들이 남침례교 선교국에 도움을 요청했지만, 내가 국내 침례교 단체와 교류가 없었던 탓인지 거절당했다. 지금은 상황이 달라졌지만 한국에 기반이 없으면 국내 침례교단과 교류를 갖기 힘들었다. 내가 침례교세계연맹 총회장에 올랐지만 한국침례교 총회장을 거치지 않은 것도 국내 신학대학을 졸업하지 않은 배경 때문이 아니었을까 짐작해 본다.

1966년 어느 날이었다. 우리 교회의 홍광희, 경옥 자매가 나에게 자신들의 아버지를 전도해 달라고 요청해 왔다. 수원시청 옆에 있던 대서소로 찾아가서 30분간 설교를 했을 때 그는 내게 이렇게 말했다.

"그렇게 훌륭한 하나님이 왜 교회가 다 쓰러지도록 내버려둡니까? 비가 줄줄 새는 교회를 그냥 두는 게 이해가 안 가네요. 나는 그렇게 무관심한 하나님은 믿고 싶지 않습니다."

그 순간 비수에 찔린 것처럼 고통스러웠다. 예수를 믿지 않는 사람으로부터 강력한 도전을 받은 나는 그 자리에서 교회를 짓기 전에는 절대로 교인들을 방문하지 않겠다고 결심했다. 그 후 첫 주일 예배 시간에 "교회를 건축하겠다"고 발표했다. 당시 성인 교인 수는 백여 명에 불과했는데 수석 집사가 누구하고 의논했느냐고 따졌다. 내가 "하나님과 의논했습니다" 하고 답하자 그 집사는 다른 집사 세 명과 함께 교회를 떠나버렸다. 하지만 다른 교인들은 모두 교회 건축에 찬성했고 우리는 마음을 합쳐 1970년 5월, 6백 명이 함께 예배드릴 수 있는 2층 교회를 완공했다.

수원 중앙침례교회 두번째 교회당

수원 중앙침례교회 현재 교회당

그때 교회 건축을 반대하며 우리 교회를 떠났던 수석 집사는 눈감는 날까지 우리 교회로 돌아오지 않았지만, 나는 우리 교회에 다녔던 그의 아들의 요청으로 수석 집사의 장례 예배를 집전했다.

예배는 곧 축제

1973년에 있었던 빌리 그레이엄 목사의 전도대회는 많은 사람을 교회로 끌어들였다. 수원중앙침례교회의 경우도 당시 2백 명이던 성인 신자가 6개월 만에 4백 명으로 늘어나 일요 예배를 두 차례로 나눠서 드려야 했다. 그래도 교인은 자꾸 늘어 더 이상 수용할 수 없는 지경에 이르렀다. 그래서 1984년에 다시 성전을 지어야 했다. 그 후에도 조금씩 증축하고 주변의 건물을 매입해 사용했는데, 그래도 교회가 좁아 일요일 예배를 다섯 차례 드렸다. 1980년부터는 열한 시 예배를 외국인을 위한 시간으로 정해 영어 통역을 아내 트루디가 맡았다. 우리 교회에는 매주 50여 명의 외국인들이 예배에 참석했다.

나는 청소년 선교를 위해 기독회관을 지을 때 미국에 가서 대대적인 모금활동을 펼쳤지만 교회는 순수하게 우리 교인들의 힘만으로 지었다. 돈이 떨어지면 얼마동안 공사를 멈추었다가 다시 돈이 생기면 계속했다. 우리가 예배드릴 공간은 우리 교인들의 힘으로 지어야 한다는 생각 때문이었다. 건물을 짓는 동안 나는 헌금을 강조하지 않았음은 물론 헌금을 걷기 위한 특별부흥집회도 열지 않았다. 우리 교회를 지을 때, 특별히 많은 헌금을 낸 사람은 없었다. 그저 모두 골고루 자기형편에 맞게 헌금을 했다. 이렇게 교인들의 정성이 골고루 들어갔기 때문에 지금도 그 교인들이 교회를 더욱 소중하게 여긴다고 나는 믿고 있다.

교회 다니라고 전도하면 매주 교회 출석, 따분한 설교, 헌금 때문에 부담을 느낀다고 말하는 사람들이 많다. 그러나 교회는 즐거운 곳이다. 교회 다니는 일이 즐거워야 한다는 것은 나의 목회철학으로서 예배야말로 축제라고 생각한다. 축제 분위기로 일주일 동안 세파에 시달린 교인들에게 용기와 희망을 불어 넣어주고, 미래에 대한 비전을 제시하는 것이 진정한 예배가 아닐까? 이렇게 예배를 축제로 만들기 위해서는 찬양은 매우 중요한 요소로 작용한다.

우리 교회 음악국엔 송금섭 음악 목사 이하 여섯 명의 음악 전도사가 시무했는데, 이처럼 전문 음악 사역자가 일곱 명이나 있는 교회는 한국은 물론 미국에서도 찾기 힘들다. 송금섭 목사는 미국 남침례교 신학대학원에서 교회음악과 신학을 전공했으며 나머지 음악 사역자들도 신학과 음악을 동시에 전공했다.

또 우리 교회에는 장년부 성가대 네 개와 여성 성가대 두 개, 어린이 합창단 세 개에 교구마다 별도의 성가대가 있었다. 거기에 오케스트라와 관악앙상블, 경배 찬양단, 다섯 개의 중창단까지 합치면 교회 내에 음악으로 봉사하는 사람이 모두 1100여 명에 이르렀다.

이러한 우리 교회의 음악 예배는 이 분야에 관심이 많은 교회와 침례교 신학대학을 비롯한 여러 신학대학에서 종교음악 관련 견학코스로 잡고 있다. 또 아예 우리 교회 예배 참관을 수업으로 삼는 학과까지 있으며, 다양한 매체로부터 음악 예배와 관련된 인터뷰 요청이 많아 여러 차례 소개되었다.

설교와 성가가 하나가 되어 메시지를 강하게 전달하는 예배를 드리기 위해 매주 화요일에는 지휘자에게 설교 내용을 전달했다. 찬양대가 부르는 성가뿐 아니라 예배시간에 대중이 함께 부르는 찬송가도 설교와 연계하여 선곡된다. 예배가 시작될 때부터 마칠 때까지의 모든 순서는 찬양을 매개로 서로 유기적으로 연결되어 있다. 우리 교회는 1993년부터 본격적인 음악 예배를 드렸는데, 그때부터 실제로 교인들이 많이 늘어났다.

1996년 설날을 한 주 앞두고 주일 낮 예배에 참석한 교인 5천 명에게 만 원씩 나눠준 일이 있다. 그날 설교 제목은 '달란트의 비유'였다.
주인이 종들에게 다섯 달란트, 두 달란트, 한 달란트를 주고 타국으로 떠난 뒤 나중에 돌아와서 결과가 좋은 종을 칭찬한다는 내용이었다.
나는 교인들에게 만 원으로 여섯 주 동안 장사를 하여 번 돈으로 구제와 선교에 쓰자고 제의했다. 그와 함께 경험담을 써오라는 숙제를 냈다. 우리 부부는 만원으로 바나나 파이를 만들어 팔아 백만 원의 수익을 올렸다. 6주 후 그렇게 쓴 5천만 원은 1억 원이 되었고 그렇게 우리 교인 모두가 즐거운 체험을 하였다. 그 내용을 모아 펴낸 책이 「전교인에게 만원씩 주었더니」(나침반출판사 발행)이다.

나는 교인들에게 성경말씀을 강조하고 설교도 철저히 성경 중심으로 하며 기복적인 기도는 가능한 배제한다. 또 십일조를 강조하지 않는다. 십일조는 예수 잘 믿으면 저절로 내는 것이라고 믿기 때문이다.

또 다양한 소그룹으로 세분화하여 교인들이 큰 교회에서도 따뜻한 사랑과 함께 소속 의식을 갖고 열심히 활동할 수 있도록 의욕을 북돋우고 있다. 내가 늘 교인들에게 당부하는 말은 '복음을 전하는 일에 죽도록 충성하라' 이다. 그래서 새 신자에게 각별히 신경을 쓰고 4주 프로그램을 통해 결신할 수 있도록 훈련을 시켰다.

매년 추수감사절에는 소년소녀 가장, 환경미화원, 전투경찰, 외국인 노동자 등 천여 명을 초청해 축제를 벌이고 선물을 전달했다. 2층 예배실까지 엘리베이터를 설치해 일요일 예배 때면 휠체어를 탄 교인들이 대거 몰려드는 것도 우리 교회가 자랑하는 아름다운 풍경 가운데 하나였다.

목사는 나의 천직이다

수원에서 목회활동을 하는 동안 서울로 와서 교회를 세우라는 권유를 수 없이 들었다. 귀국하자마자 그런 권유를 들었는데 그 후로도 심심하면 한 번씩 그 얘기가 나왔다. 분당이 개발될 때는 모 교회 장로들이 와서 "교회를 다 지어서 모실테니 우리 교회로 와달라"고 제의했었다. 나와 절친한 목사들도 "김 목사는 서울만 오면 10만 교인은 금방 모일텐데, 왜 수원에서 목회 하느냐"는 얘기를 많이 했었다.

당시 인구 1000만 명이 넘는 서울과 인구 90여 만명의 수원, 당연히 서울에서 목회를 하면 많은 교인이 모일테지만 나는 유학 시절 수원에서 내 가족들과 고향 사람들에게 복음을 전하겠다는 하나님과의 약속을 지키기 위해 노력했다. 그래서 내겐 서울에 있는 10만 교인보다 내 고향의 2만여 교인이 더 소중했다.

"목사는 스트레스가 없는가?"라는 질문을 가끔 받는다. 목사는 자신의 삶이 곧 모범이 되어야 하는 동시에, 타인 영혼의 안식을 도와야 하는 막중한 책임을 갖고 있다. 성경 연구와 경건한 생활을 게을리 할 수 없는데 이것이야말로 '축복 받은 스트레스'라고 생각한다.

많은 목사들이 가장 부담을 느끼는 일 가운데 하나는 단연 설교 준비이다. 주일 설교를 마치고 단에서 내려오는 순간, 아니 설교를 마치고 다음 순서를 진행하는 순간부터 다음 주일 설교 준비의 부담을 안게 되는 것이 목회자의 생활이다. 나는 여행을 하는 시간이 비교적 많은 편인데 주로 그때 설교 구상을 많이하게 된다. 설교의 원칙은 '말씀으로 말씀을 풀이한다'로 정하고 있으며 따라서 설교 내용에 성경 말씀 인용이 비교적 많은 편이다. 또 책 속에 있는 정적(靜的)인 예화보다 신문기사나 주변에서 일어난 일 등의 동적(動的)인 예화를 즐겨 인용한다.

침례교세계연맹 총회장, 극동방송 사장, 한국 YFC 명예이사장 등 여러가지 일을 하고 있지만 그 가운데 내가 가장 사랑하는 직함은 수원중앙침례교회 담임목사였다. 워낙 여러가지 일을 하다보니 교인들과 많은 시간을 함께 하지 못하는 것에 대해 늘 미안한 마음을 갖고 있었다. 우리 교인들은 나의 사역을 지원하는 동역자들로 내가 중요한 일을 할 때면 40일 새벽기도로 지원했다. 뿐만 아니라 중요한 해외 집회가 있을 때면 자비(自費)를 들여 나와 동행할 정도로 열성적이다.

1973년 빌리 그레이엄 서울 전도대회 이후 세계 유명집회에 주 강사로 초청을 받고 있는 내게 잊지 못할 집회는 1986년 네덜란드 암스테르담에서 열린 국제순회 전도자대회이다. 그 집회는 빌리 그레이엄 전도협회가 주최한 대회로 전 세계 목회자 1만 3천 명이 참석한 권위 있는 대회였다.

나는 그때 'The Revival We Need'라는 제목의 설교를 통해 한국 교회 부흥의 원인을 역설했다. 일본군이 수원 제암리교회 교인들을 어떻게 죽였는지, KAL기 격추로 무고한 탑승객들이 얼마나 억울하게 죽었는지, 미얀마에서는 우리 외교사절단이 어떻게 테러를 당했는지를 낱낱이 설명했다. 한국 기독교인들은 그런 고통 위에서 성장했고 우리는 모든 것을 용서했다는 내용의 설교를 하자 모든 청중들이 기립박수를 보냈다. 박수가 그치지 않아 그때 사회를 맡아던 빌리 그레이엄 목사가 몇 차례나 제지를 했지만 그래도 그치지 않자 "기도합시다"라고 말해 박수가 그칠 정도로 그날의 반응은 대단했다.

암스테르담 국제순회 전도자대회 때
복음전도자로서 나는 세계 곳곳을 누볐다. 미국 유학 시절 배운 나의 영어 실력은 빌리 그레이엄 서울 전도대회 때 입증된 만큼, 나는 세계 어느 곳에서도 하나님의 말씀을 전하는 데 구애되는 바가 없었다. 암스테르담 국제순회 전도자대회는 우리나라의 신앙적 지위를 한 단계 높이는 계기가 되었다.

설교가 끝난 뒤 일본 목사들은 우리 대표들만 보면 머리 숙여 사과했으며 공식적으로 한국 대표단에 와서 사과를 표하기도 했다. 당시 소련 목사들은 KAL기 격추 사실을 몰랐다며 놀라움을 금치 못했다. 그들 대부분은 관직 목사였으며 그 가운데는 KGB 요원도 있었다. 일부 목사는 나를 찾아와서 "왜 그런 사실을 많은 사람들에게 알리느냐"고 항의하면서 정치적인 발언이 아님을 확언 받기도 했다. 남미와 아프리카 등 제3국에서 온 목사들은 한국 교회의 부흥이 자신들에게 큰 용기와 비전을 안겨 주었다고 말했다.

당시 88 서울올림픽을 앞두고 있을 때였는데, 우리 교인 수십 명은 나와 동행해 암스테르담에서 올림픽 홍보책자와 올림픽 모자, 호돌이 배지, 스카프, 넥타이 등을 나눠주면서 88 올림픽 홍보전을 펼치기도 했다.

올림픽 홍보와 전도

또 2000년 1월 멜버른에서 열린 침례교 세계연맹 총회장 당선기념 예배 때에도 많은 교인들이 참석했다. 우리 교인들은 한복을 곱게 차려 입고 참석해 만 명이 넘는 세계 각국의 대표들 사이에서 단연 눈에 띄었다. 우리 교회 어린이 합창단과 오케스트라, 그리고 극동방송 어린이 합창단이 방문국의 국회를 비롯한 주요 모임에 초청되어 연주회를 벌여 민간 외교관의 역할을 톡톡히 했다. 이렇게 우리 교회 교인들은

침례교세계연맹 총회장이 되다

'Billy Kim is president!' 침례교세계연맹(BWA) 총회장으로 뽑힌 순간의 기쁨은 오늘까지 생생하다. 지금껏 미국과 유럽 출신만이 회장으로 선출되던 침례교세계연맹에서 내가 총회장이 되었다는 사실은 제3세계 목회자들에게도 희망을 던져준 쾌거였다.

북방선교를 하는 극동방송과 중앙기독초등학교를 지원하는 등 여러모로 내 선교 사역을 지지하는 든든한 응원군들이다.

나는 다시 태어나도 목사가 되고 싶다. 나의 두 아들도 목사가 되었으며 손자들에게도 틈만 나면 나는 목사가 되라고 독려하고 있다.

전 재산을 교회에 헌납하고

아내와 나는 지금 수원시 팔달구 원천동에 위치한 중앙기독초등학교 관사에서 월세를 내며 살고 있다. 다세대 주택인 관사에는 모두 여섯 가구가 살고 있는데 2층에는 우리가, 1층에는 요셉 가족이 살고 있으며 나머지 네 개의 주택에도 교사들이 살고 있다.

중앙기독 초등학교에 대해 간단하게 설명하자면, 초창기 세계기독봉사회에서 보내준 선교자금이 모태가 되어 1994년에 설립되었다.

나를 한국 선교사로 파송한 뒤 왈도 예거 장로님은 미국의 오하이오주 실업인들과 힘을 합쳐 매달 선교비를 보내주었다. 그는 모금한 돈을 한 푼도 쓰지 않고 한국으로 송금하기 위해 사무원도 두지 않고 부인과 둘이서 밤늦게까지 사무를 봤다.

당시 보내온 선교자금으로 수원시 인계동에 1200평의 땅을 사서 거기 집을 짓고 30년간 살았다. 학교를 짓기 위해 집 앞에 논밭 5000평도 사두었다.

초기에는 외국원조단체의 명의로 땅을 구입할 수 없어 우선은 내 이름으로 등기해 두었다가 1980년에 법이 바뀌면서 그 땅을 기독봉사회 명의로 변경했다.

중앙기독초등학교 준공식

중앙기독 초등학교는 초창기 세계기독봉사회에서 보내준 선교자금이 모태가 되어 1994년에 설립됐다. 그러나 학교를 짓기 위해선 엄청난 자금이 필요했고 결국 나와 나의 아들 모두는 전 재산을 헌납해 학교를 세웠다. 중앙기독 초등학교에서는 자폐아를 비롯한 마흔 다섯 명의 정신지체 아이들이 일반 학생과 함께 통합교육을 받고 있다.

　　미국 트리니티 신학대학원에서 교육학을 전공한 요셉이 유학을 마치고 돌아와 나에게 학교를 설립했으면 좋겠다는 의견을 내놓았다. 마음은 있었지만 방송사 일과 해외선교로 바빴던 나는 요셉에게 그 일을 맡겼다.

　　평당 30원을 주고 산 집터는 평당 300만 원으로 올랐고 공원부지로 묶여 있던 논밭은 평당 40만 원으로 올랐다. 땅은 SK에 팔고 기독회관 건물은 우리 교회에 팔았다. 여기에 내가 갖고 있던 약간의 땅과 방송사에서 미리 받은 퇴직금 1억 원, 수원 영통지구에 있던 아버지 산소를 용인으로 옮기면서 생긴 2억 원을 합치니 65억 원이 생겼다.

그러나 학교를 짓기 위해서는 땅값과 건축비를 합쳐 100억 원이 필요했다. 당시 건축비가 모자라 은행에서 4억 원을 대출받으려던 요셉에게 나는 65억이 생겼으니 교회에 십일조 헌금으로 6억 5천만 원을 바치라고 했다.

"내 학교 짓는 게 아니라 하나님 일 하는 겁니다. 헌금은 하나님 일 하는 데 쓰는거 아닙니까. 기독교 학교인데 왜 헌금을 합니까?"

요셉의 항의에 나는 "십일조 안 하면 축복 못 받아" 하고 잘라 말했다. 요셉은 결국 6억 5천만 원을 교회에 헌금했고, 그 후 모금을 하여 학교를 지었다.

1991년에 인계동 터를 팔고 학교를 짓는 2년 6개월 동안 우리는 기독회관 관리집사가 살던, 10평이 채 안 되는 집으로 이사 가서 살았다. 요셉의 가족들은 유치원 교사들이 살던 2층 원룸 두 개를 터서 사용했다. 그렇게 학교를 다 지었을 때는 20억 원 정도 빚이 있었으나 5년에 걸쳐 다 갚았다. 모든 재산을 헌납한 나는 중앙기독초등학교를 법인으로 등록했다. 학교에 대한 아무런 소유 권한도 갖지 않은 우리 부자는 현재 재산이 한 푼도 없다.

1994년 중앙기독 초등학교를 완공했을 때 이영덕 총리가 참석하여 축사를 해주었다. 이영덕 총리가 명지대학교 총장 시절 미리 축사를 예약해 두었는데 학교를 짓는 동안 그가 총리 자리에 올랐던 것이다.

초등학교 준공식에 총리가 참석하는 것은 유례가 없는 일이다. 당시 이영덕 총리는 약속을 지켜야 한다며 준공식에 참여하여 많은 사람들을 놀라게 했다.

한 때 두 아들은 교회 건물을 짓지 않고 공간을 빌려서 예배를 드리고 있다. 요셉은 중앙기독 초등학교 강당을 빌려 예배를 드리고, 요한은 대전 YMCA 건물에서 예배드렸다. 요셉이 담임하고 있는 원천교회는 중앙기독초등학교에 매년 1억 원 이상을 지원하고 있다.

빵 굽는 아내 트루디

중앙기독초등학교에서는 자폐아를 비롯한 수십 명의 정신지체아들이 일반 학생과 함께 통합교육을 받고 있다. 아내는 학교 2층의 한 귀퉁이에 'Trudy's Pie Shop' 이라는 빵가게를 운영하면서 그 수익금으로 장애아동 교육비를 지원하고 있다. 장애아동을 위한 특수교사를 채용하는 등 비용이 많이 들지만 장애아동에게는 학비를 일절 받지 않고 있다. 사람들은 아내가 앞치마를 두르고 빵 만드는 모습을 보고는 많은 감동을 받는다. 아내는 멋진 옷을 입고 '사모님' 대우를 받으며 나들이 하는 것을 무척 싫어해 부부

동반 모임이 있을 때면 며칠 전부터 "이런 이런 모임이니 반드시 가야 한다"며 설득해야 한다.

우리 세대의 남자들은 가정보다 사회생활이 우선이었다. 유학 시절, 미국인들이 여가를 가족과 함께 지내면서 자녀교육에 심혈을 기울이는 모습을 눈여겨본 나는 바쁜 가운데서도 가능하면 가족과 함께 하기 위해 애썼다. 자녀들이 미국에서 공부할 때에도 크리스마스가 되면 우리 부부는 교회를 비우고 미국에 가서 자녀와 함께 보냈다. 어떻게 목사가 중요한 날 교회를 비울 수 있느냐고 묻는 이들에게 나는 이렇게 말했다.

"담임목사는 바꾸면 되지만, 내 자녀들이 잘못되었을 때는 아무도 대신 울어줄 사람이 없습니다."

꿋꿋이 자라준 자녀들과 조용히 나를 도와준 아내에게 지면을 빌어 다시 한 번 감사를 전한다.

'믿음' 으로 운영되는 선교 방송

1973년 공산권 선교를 목표로 제주도에 아세아 방송(현 제주 극동방송)을 세운 이후, 우리 방송사는 수많은 사람들의 헌신으로 운영되고 있다. 애초에 공산권 선교를 목표로 삼았으나 1977년에 극동방송을 인수한 뒤에는 국내 오지 선교도 겸하게 되었다. 현재 서울 본사를 비롯하여 제주, 대전, 대구, 창원, 부산, 포항, 울산, 영동, 목포, 광주 등 지방 열 군데에 지사를 설립, 기독교 복음 전파에 앞장서고 있다.

국내 라디오 방송 가운데 가장 강력한 출력인 250KW를 보유한 제주극동방송은 중국어, 러시아어, 일본어, 영어로도 방송되고 있다. 가장 주력하는 지역은 중국으로 하루 9시간 45분 동안 방송한다. 아직도 북한과 중국에서는 복음의 전파가 불법이다. 중국은 18세 이하의 국민이 교회에 다닐 수 없도록 법으로 규정하고 있고 교회는 인정하되 교회 밖의 선교활동을 금하며 외국 선교사를 인정하지 않는다. 그래서 각국 선교사들은 중국 당국의 눈을 피해 선교활동을 하고 있는 실정이다.

우리 방송사는 방송만 송출하는 것이 아니라 공산권에 라디오를 보급하는 일에도 주력하고 있다. 곧 라디오 한 대가 선교사이자 교회의 역할까지 하기 때문이다.

한국어 방송은 중국에 살고 있는 동포들이 애청하고 있어서 그들이 참여 하는 프로그램도 제작되고 있다. 북한을 방문하고 돌아온 인사들은 우리 방송사의 한국어 방송이 평양의 호텔에서도 똑똑하게 들린다는 것을 녹음해 와서 여러 차례 확인해 주었다.

1973년 방송을 시작했지만 중국에서의 반응은 1976년에야 직접 들을 수 있었다. 일본 도쿄우체국 사서함 1000호를 거쳐 온 서신에는 방송을 잘 듣고 있다며 성경책을 보내달라는 내용이 적혀 있었다.

1979년 미국과 중국이 국교를 맺으면서 편지가 급격히 늘기 시작해 한 때는 매년 2만 통이 넘는 서신이 왔었다. 대개 성경책을 비롯한 신앙관련 물품을 보내달라는 요청인데 우리 방송사는 가능한 모든 요청에 응하고 있다.

현재 전국 11곳의 극동방송에서 광고방송을 하는 곳은 서울 본사 한 곳으로 기독실업인들의 요청에 따라 제한적으로 실시하고 있다. 선교 방송이므로 교인들의 헌금으로 꾸려 나가는 것이 마땅하다는 생각에서 상업광고를 자제하는 것이다.

미국에서 유학할 때 미국인들의 모금문화와 자원봉사, 그리고 생의 마지막 순간 전 재산을 사회에 환원하는 모습에서 나는 큰 감명을 받았다. 그 좋은 문화를 이 땅에도 뿌리내리게 해야겠다는 생각에서 그

동안 많은 노력을 기울였다. 그 결과 우리 방송사에는 많은 자원봉사자들이 활약하고 있으며 성금이 끊이지 않고 들어온다. 우리 방송사는 이러한 손길들로 빚 한푼 없이 운영되고 있다. 우리나라에서도 모금과 자원봉사로 공익활동이 가능하다는 것을 우리 방송사는 오래 전부터 실증적으로 보여주고 있는 것이다.

가장 귀중한 손길은 방송사로 헌금을 보내주는 이들로 우리는 그들을 전파선교사라고 부른다. 1분 방송하는 비용을 1만 원으로 책정하여 전파선교사를 모집하고 있는데 수많은 사람들이 전파선교사로 가입 하여 1분, 5분, 10분씩 방송을 책임지고 있다.

그와 함께 우리 방송사에 거액을 희사하거나 무상으로 편리를 제공한 분들도 많이 있다. 선교 방송을 시작할 당시 미국 본사는 우리를 전폭적으로 지원해 줄 수 있는 형편이 아니었다. 서울에서 방송을 제작하기 위해서는 넓은 공간이 필요했으나 여의치 않아 서울의 뉴코리아 호텔 방 하나를 빌려 사무실로도 쓰고 프로그램을 제작하는 공간으로도 썼다. 그러다가 정동 CCC 빌딩 7층의 방 하나를 얻어 옮겼으나 협소한데다 엘리베이터조차 없어 여러모로 불편했다.

그러던 중 빌리 그레이엄 전도대회가 끝난 뒤 인 1974년에 한양대학교 김연준 총장으로부터 만나자는 연락이 왔다. 그는 내가 통역하는 모습이 인상적이었다는 말을 했다. 이런저런 얘기를 하다가 방송사 연주소가 좁아 불편하다고 하자 선뜻 덕수궁 앞에 있던 대한일보 건물

2층을 무상으로 사용하라고 내주었다. 이후 김연준 총장은 나와 함께 미국으로 가서 민간외교를 펼쳤다.

민간외교의 일환으로 카터 대통령 어머니 릴리안 여사를 비롯하여 미국 사회를 움직이는 기독교계 주요인사들에게 한양대학교 명예박사 학위를 수여했다. 그때 뿌려놓은 씨앗이 오늘날 내가 침례교세계연맹 총회장이 되는 데 좋은 역할을 했을 것이다.

비싼 빌딩의 건물을 무상으로 사용하니 나는 몸으로 뛰는 수밖에 없었다. 당시 이대교회를 다니고 있었던 김연준 총장에게 우리 교회로 나오시라고 권했다. 나의 제의에 그는 기꺼이 응했고 1974년부터 1989년까지 15년 동안 주일마다 서울에서 수원에 있는 우리 교회로 출석했다.

총장님이 오시면 매주 아내는 정성껏 점심을 마련하여 대접했다. 나는 김연준 총장의 자제분들이 결혼할 때면 주례를 섰고, 한양대학교 교목으로도 일하게 됐다.

내 월급은 한군데서만

1977년 미국 팀 선교회 한국 지부로부터 연락이 왔다.

자신들이 운영하던 극동방송을 아세아 방송에서 인수해 줬으면 좋겠다는 내용이었다. 미국 팀 선교회가 1954년에 설립하여 1956년 12월 23일부터 방송을 시작한 극동방송은 KBS, CBS에 이은 한국의 세 번째 방송국이다. 하지만 적자가 늘어나는데다 교리에 논란이 일었던 모 교파의 한국인 경영진들이 편향적으로 운영하여 내부적으로 문제가 일어나고 있었다. 나는 미국 FEBC 본사와 협의를 거쳐 극동방송을 인수하기로 결정했다.

여러 가지 준비를 거쳐 1979년에 대한일보 건물에 있던 아세아 방송 기자재를 극동방송이 세 들어 있던 서울 마포구 상수동 컴패션 건물로 옮기고 정식으로 두 방송사를 합쳤다.

극동방송을 인수하여 사장에 취임한 나는 자립을 최우선 목표로 삼았다. 여의도 광장에서 100만 인파가 운집한 대 집회를 개최한 선교 100주년의 한국 교회가 언제까지 지원을 받을 수는 없는 일이었다. 지원을 받으면 본사의 간섭을 많이 받아 방송사 운영이 위축될 수밖에 없다. 또한 미국으로부터 지원은 고정되어 있는데 한국의 물가는 자꾸

만 올라 외국원조에 의지하던 선교기관들이 1970년대 말 사업을 축소하거나 폐쇄하는 일이 많았다.

나는 방송사에서는 목사이기 이전에 경영자가 되어야 했다. 당시 극동방송의 이사들은 대부분 교계 목사들이었다. 나는 거마비를 받아가는 목사에서 선교헌금을 낼 수 있는 장로들로 이사진을 모두 교체했다. 나는 아세아 방송 당시부터 방송사에서는 월급을 받지 않았을 뿐만 아니라 미국에서 모금을 많이 해왔기 때문에 떳떳하게 그런 조치를 취할 수 있었다.

나는 교회에서도 사례금을 받지 않았다가 1980년부터 받기 시작했다. 늘 몇 가지 단체 일을 맡고 있었지만 나는 수원중앙침례교회 한군데서만 월급을 받았다. 내 아들들도 여러 군데서 일하더라도 사례는 한 곳에서만 받는다는 우리 집안의 철칙을 지키고 있다.

당시 신동아그룹 최순영 회장, 벽산그룹 김인득 회장, 대한항공 조중건 부회장, 엘칸토 김용운 회장, 신원그룹 박성철 회장 등이 이사로 영입되면서 우리 방송사를 많이 도왔다. 나는 극동방송은 돈 받으면서 일하는 곳이 아니라 돈을 내면서 일하는 곳이라는 인식을 확실히 심어 놓았다.

많은 사람이 극동방송을 도와주었는데 특별히 벽산그룹 회장을 지낸 고(故) 김인득 장로와 최순영 전 신동아그룹 회장은 방송사 건물을 마련해 준 더없이 고마운 분들이다. 당시 방송사 건물로 인수한 컴

당시 극동방송 건물

패션 건물은 업무를 수행하기에는 너무 비좁은데다 비가 샐 정도로 낡았다. 임시방편으로 비닐로 지붕을 덮어 보았으나 소용이 없었다. 건물을 보수할 것인지 아니면 다시 지을 것인지에 대해 논의를 많이 했으나 문제는 역시 돈이었다.

그러던 중 김인득 회장의 아내인 윤현의 권사의 병문안을 가게 되었다. 윤현의 권사는 "국내 전도 사업에 미약하나마 최선을 다했지만 공산권 선교를 하지 못하고 떠나게 된 것이 마음에 걸린다"라고 말했다.

"속히 건강을 되찾아 공산권 선교를 하면 되지 무슨 걱정이냐"고 위로하자 윤 권사는 "소중한 일 하나를 남기고 싶다"고 말했다. 얼마 후 윤권사는 유명을 달리 했고 김인득 회장은 아내의 유언에 따라 5억 원을 희사하여 지하 1층, 지상 3층의 건물을 지어주었다. 스튜디오와 공개홀로 구성된 이 건물을 나는 고인의 뜻을 기리고자 '현의 기념관'이라 이름지었다.

그런데 건물이 완공된 뒤 얼마 안 되어 벽산그룹이 세무사찰을 당했다. 무상으로 방송사 건물을 지어주었는데 방송사 건축건까지 세금에 포함되어 거액을 내게 되었다는 것이었다. 은혜를 입었는데 가만히 앉아 있을 수가 없었다. 당시 국세청장이 안무혁 씨였는데 국보위 때 사정 위원장을 지내 무서운 사람이라는 소문이 있었다. 그래서 우리 방송사 부사장이었던 임경섭 해병대 예비역 소장을 보냈지만 만나지도 못하고 돌아왔다.

당시 감사원장이었던 황영시 씨와는 오래 전부터 테니스를 함께 치면서 가깝게 지냈던지라 그 비서와도 잘 알았다. 나는 황영시 감사원장의 비서에게 전화해 "안무혁 국세청장을 5분만 만나게 스케줄 좀 잡아달라"고 부탁했다. 그러자 양쪽 비서끼리 스케줄을 조정하여 그 다음날 만남이 성사되었다.

안무혁 국세청장에게 자초지종을 얘기했더니 자신도 교회 집사이며 빌리 그레이엄 전도대회 때 은혜를 많이 받았다고 말했다. 그 자리에서 그는 서울 국세청장에게 전화를 걸어 "공정하게 처리하라"고 말했다. 다행히 우리 방송사를 무상으로 지어준 것이 밝혀져 벽산그룹은 세금을 감면받을 수 있었다. 나는 안무혁 씨에게 신세를 갚기 위해 자녀들 주례를 서주고, 6개월간 함께 성경공부를 했다.

당시 그 일로 나는 비서의 위력을 실감했다. 그래서 그해부터 매년 연말이면 비서들을 위한 파티를 열어준다. 우리 방송사를 도와주는 분들의 비서들에게도 조금이나마 은혜를 갚기 위해서이다.

은혜는 반드시 갚는다

최순영 전 신동아그룹 회장은 20년 동안 극동방송 이사장으로 재직하면서 물심양면으로 방송사를 많이 도왔다. 최 회장과는 대한매일신문사 사장을 지낸 여의도순복음교회 차일석 장로의 소개로 만나게 되었다.

1980년 당시 조선호텔 사장이었던 차일석 장로와 나는 미국 로널드 레이건 대통령 조찬기도회에 나란히 초청을 받았다. 그때까지 우리는 안면만 있는 정도였는데 워싱턴 힐튼호텔에 묵다가 그의 요청으로 아침식사를 함께 한 것이다. 차 장로가 "나는 신비주의자가 아닌데 어젯밤 이상한 꿈을 꾸었습니다. 꿈에서 목사님이 날 도와달라고 하는 겁니다. 방송사에 뭐 어려운 일이라도 있습니까?" 하는 것이었다. 그 자리에서 나는 사실 방송사가 재정적으로 어렵다는 얘기를 했다.

서울로 돌아오자마자 차일석 장로는 조용기 목사 부부와 우리 부부, 신동아그룹 최순영 회장 부부를 조선호텔로 초청했고 그런 인연으로 최회장을 만나게 되었다. 최 회장은 처음 만난 자리에서 63빌딩 건축을 계획하고 있는데 허가가 나지 않는다며 투시도를 보여주었다. 최 회장은 계획대로 건물이 잘 지어지면 우리 방송사가 사용할 수 있도록 사무실 한 층을 무상으로 빌려주겠다고 했다.

나는 사무실을 무상으로 빌려준다는 말과 관계없이 서울에도 멋진 건물이 있으면 좋겠다는 생각이 들어 나름대로 허가받을 수 있는 길을 알아보았다. 그렇게 여러 사람이 애쓴 가운데 건축 허가가 났고, 건물을 지을 때 자주 가서 기도를 드렸다. 건물이 완공되자 최순영 회장은 44층 한 층을 내주면서 무상으로 사용하라고 했다. 하지만 아무리 생각해 봐도 그렇게 멋진 건물에 가면 헌금이 들어오지 않을 것 같았다.

무엇보다도 사무실 유지비를 충당하기가 어려웠다. 내가 63빌딩으로 가지 않겠다고 하자 최순영 회장은 대신 1986년 극동방송 본관 건물을 지어주었을 뿐만 아니라 매년 우리 방송사에 적지 않은 헌금을 해주었다. 나는 그 은혜를 갚기 위해 20년 동안 매주 목요일이면 최순영 회장을 만나 성경공부를 인도했다.

1986년부터 2012년 5월까지의 극동방송(중앙사) 사옥

나는 가난하게 자란데다 칼 파워스 씨의 후원으로 유학하는 동안 절약이 몸에 배서 돈 쓰는 일에 익숙하지 않다. 아마도 내가 가장 큰 돈을 들여야 하는 부분이 있다면 그건 바로 항공료였을 것이다. 그나마 그것도 대한항공 조중건 부회장과 친구가 되면서 많은 도움을 받았다.

우리는 1965년에 유엔군 사령관 집에 초대를 받았을 때 만나 지금까지 친구로 지내고 있다.

조중건 부회장이 대한항공에 재직하는 10여 년 동안 나는 해외선교를 갈 때면 1등석을 무상으로 이용할 수 있었다. 그는 나에게 "1등석은 늘 몇 자리 비게 마련인데 해외 선교 나가는 목사님을 편하게 모시는 건 당연한 일이다"라고 말했다.

크리스마스 때에 우리 가족은 항상 함께 지내는데 그러기 위해서 우리 부부가 미국에 가거나 자녀들이 한국에 오려면 항공료가 많이 들었다. 그럴 때면 조중건 부회장이 파격적으로 항공료를 할인해 주었다.

이렇게 은혜를 입었으니 내 방식대로 은혜를 갚아야 한다고 생각했다. 조중건 부회장은 미국에서 공부해 미국 인맥이 많고 멋을 아는 사람이다. 항공사 부회장으로 전 세계 안 가본 곳이 없을 테니 어지간한 것으로는 감격하지 않을 것 같았다. 그래서 마스터스 대회가 열리는 조지아 주 오거스타시에 있는 오거스타 내셔널 골프장에 데리고 갔다. 그곳은 미국 상류층 인사들도 들어가기 힘들 정도의 특A급 골프장이다. 나와 절친한 글렌 윌카스가 그쪽 골프클럽 멤버여서 특별히 부탁하여 데리고 갔는데 실망스럽게도 그는 별로 감격하는 눈치가 아니었다.

1994년 내가 환갑이 되던 해였다. 그해 유럽에서 열리는 침례교상임위원회에 아내와 동행하고 싶었다. 변변하게 해외여행 한 번 시켜준 적이 없어 결심은 했으나 역시 비싼 항공료가 문제였다. 하는 수없이 조중건 부회장에게 부탁했더니 또다시 비행기 표를 싸게 해주었다. 그러더니 나에게 "오거스타 내셔널이 그렇게 유명한 줄 몰랐어요. 미국 친구에게 부탁했더니 백악관은 매일 데리고 갈 수 있어도 거기는 안 된다고 하더군요. 거기 한번만 더 갑시다"라고 부탁했다.

그래서 1995년에 그와 함께 오거스타 내셔널에 다시 갔는데, 거기서 조지 슐츠 전 미 국무장관과 스티븐 벡텔 주니어 벡텔그룹 명예회장을 만났다. 나와 조중건 부회장은 조지 슐츠 장관과 몇 차례 모임에서 만난 적이 있어 반갑게 인사를 나누었다. 그들은 우리가 골프를 친 뒤 한국으로 바로 돌아가야 한다고 했더니 먼저 골프를 칠 수 있게 해주었다.

조중건 부회장은 내 해외 집회의 '전속가수'이기도 하다. 그는 덕수교회 성가대 출신으로 노래를 썩 잘 부른다. 집회하기 전에는 안 부른다고 사양하다가도 정작 집회 때면 은혜스런 성가를 불러 청중을 감

내 해외 집회 전속 가수 조중건 전 대한항공 부회장
나는 조중건 부회장 덕에 해외선교 때마다 늘 편안한 1등석을 무상으로 이용할 수 있었다. 조중건 부회장은 교회 성가대 출신으로 노래를 썩 잘한다. 집회 전엔 사양하다가도 정작 집회 때면 은혜로운 성가로 관중을 감동시키는 멋진 친구이다(사진 오른쪽 끝이 조중건 부회장).

동시키는 멋진 친구이다.

그는 1973년부터 극동방송 이사로 활동하고 있다. 사재 12억 원을 조성해 장학재단을 운영하고 있는 그는 장학금의 일부를 떼어 매년 우리 방송사에 적지 않은 금액을 헌금하고 있다.

끊이지 않는 작은 정성

극동방송 청취자 가운데는 하루 종일 방송을 틀어놓고 설교와 찬송을 들으며 생활하는 '온종일파' 들이 많다. 2000년 6월 22일 서울 FM 개국을 위해 생방송 모금을 실시했을 때 하루 만에 7억 원의 헌금이 들어와 필요한 기금의 50퍼센트를 확보할 수 있었다. 이는 청취자들이 종일 전화로 10만 원, 20만 원씩 약정해 준 덕분이다.

지금도 많은 분들이 전파선교사에 가입해 만 원에서 몇십만 원까지 매월 헌금을 보내오고 있다. 헌금을 직접 들고 오시는 분들도 많은데 눈물나는 사연도 많이 있다.

몇 가지 소개해 보면, 생활보호대상자인 상도동의 이모(75세) 권사는 폐품을 팔아 모은 돈을 돼지저금통에 넣어두었다가 1년에 두 차례 찾아오신다.

또 부천에 사는 송모(65세) 권사는 파출부 일로 번 돈의 반은 앓아 누운 아들을 위해 쓰고 나머지 반은 꼬박꼬박 모았다가 방송사에 헌금한다. 2년 전에 6백만 원을 헌금했던 그는 3개월 전에도 6백만 원을 들고와 직원들을 숙연하게 했다.

동대문시장에서 바느질을 하시는 윤종호 집사님의 가족들은 잔돈이 생길 때마다 돼지저금통에 저금을 했다가 1년에 예닐곱 차례 방송

고마운 전파선교사들
우리 극동방송은 선교방송으로서 광고를 방송하지 않는다. 대신 우리는 필요한 선교자금을 모으기 위한 모금방송을 한다. 이렇게 모금으로 방송을 돕는 분들을 우리는 전파선교사라 부른다. 극동방송은 수많은 전파선교사들의 도움으로 오늘도 저 메마른 공산권을 향해 하나님의 복음을 전할 수 있다.

국으로 가져온다. 고등학교 1학년인 그의 딸도 방학 때마다 방송사에 나와 자원봉사를 했다.

간혹 거액의 헌금을 하는 분들도 있다. 외무부장관과 육사 교장을 지낸 독립운동가 김홍일 장군의 미망인 민경란 권사는 15년 전 우리 방송사에 1억 3천만 원을 헌금했다. 나는 그에 대한 감사의 의미로 대전극동방송에 그분의 이름을 딴 기념스튜디오를 마련하고 매년 직원들과 함께 김홍일 장군의 추도예배를 드린다.

2000년 1월에 전주에 사는 이영애 집사는 방송사로 1억 원의 헌금을 들고 왔다. 유통업을 하는 그녀는 사업에 실패해 좌절했을 때 극동방송을 듣고 희망을 얻었다며 2년간 적금을 부어 1억 원을 마련했다고 한다.

마산에 사는 펀드매니저 이성우 집사는 북방선교에 동참 하겠다며 1억 원의 헌금을 했고 과천에 사는 장창수 집사는 한 때 6개월 마다 천만 원씩 세 번의 헌금을 방송사에 가져왔다. 우리 방송사 직원들이 댁을 방문하여 감사예배를 드렸는데 아주 검소하게 사는 미망인이어서 모두들 감동했다. 우리는 방송사 행사가 있을 때면 이분들을 초대해 감사를 표하고 있다. 몇 푼씩 힘을 합쳐 5백만 원, 천만 원씩 들고 오는 권사님들의 발길도 끊이지 않고 있다.

해외에 사는 중국 기독교인들은 동토의 땅에 복음을 전해주어 고맙다며 우리 방송사에 감사를 표하곤 한다. FEBC 미국 치노 지사 사장 존림 목사는 1999년 10월 우리 방송사 아침 예배에 참석해 10만 달러의 헌금을 내놓았다. 간혹 중국에서 방송을 들었다며 방송사로 직접 100달러를 들고 오는 조선족들도 있으며 멀리서 중국 땅에서 금반지를 고이 싸서 보내는 이들도 있었다. 탈북자들 가운데 중국에 숨어 지낼 때 우리 방송을 듣고 용기를 얻었다며 감사 전화를 하는 이들도 더러 있다.

가장 감명 깊었던 사건은 1992년에 중국동포 김모 여인이 2만 2천백 달러를 갖고 방송사를 찾아왔던 일이다. 김씨는 가족이 아직 중국에 남아있기 때문에 이름을 밝히길 꺼린다. 그 돈은 중국의 문화혁명 와

중에도 함께 예배드렸던 서른 명의 지하교회 교인들이 22년 간 모은 것이었다. '영수님' 이라는 남자 대표를 중심으로 모여 비밀리에 예배를 드릴 때면 극동방송을 들으면서 희망을 잃지 않았다고 한다.

그 서른 명의 성도들은 예배드릴 때마다 교통비와 식비까지도 아껴가며 헌금을 했다. 돈이 점점 불어나면서 부피가 커지자 그 돈을 여행객을 통해 조금씩 달러로 바꾸었다. 교인들이 점점 줄어들고 영수님이 사망하자 남은 성도들은 의논 끝에 이 돈을 서울의 극동방송에 헌금하기로 결정했다. 달러를 유출하다 잡히면 사형을 당할지도 모르는 상황이어서 당시 미혼이었던 김씨가 전달 책임을 맡았다. 김씨는 보자기에 싼 달러를 허리에 두르고 인천항으로 들어오다가 우리 세관에 적발되었지만 밀반출이 아닌 반입이어서인지 곧 통관되었고 그 길로 우리 방송사를 찾아온 것이다.

2만 2천백 달러면 중국에서 봉급을 한 푼도 안 쓰고 100년 동안 모아야 할 정도의 거금이라고 한다. 김씨는 극동방송을 듣고 희망을 가

진 것에 비하면 큰 돈이 아니라고 말해 우리를 숙연하게 했다. 김씨는 현재 한국에서 결혼하여 단란한 가정을 꾸리고 있다.

1990년 제16차 세계 침례교 총회 때 선뜻 천만 원의 헌금을 내놓았던 서울 강남의 음식점 '뱀부하우스' 정양선 사장도 기억에 남는다.

어느 날 우리 방송사에서 프로그램을 진행하던 윤형주 장로가 "고깃집 여주인이 목사님을 꼭 한 번 모시고 싶어한다"고 해서 찾게 되었다. 음식이 맛있고 깔끔하길래 방송사를 도와준 이들을 접대할 일이 생기면 뱀부하우스를 찾았는데 그때마다 정 사장은 방송사에 헌금한다며 음식값을 받지 않았다. 대신 내가 대접받을 일이 생기면 손님을 거기로 데리고 갔다.

첫날 만난 자리에서 정 사장에게 "주일에는 문을 닫고 우리 방송사에 와서 음식 자문을 해달라. 우리 교회에서 지원하는 양로원의 노인들에게 신경 좀 써주고 해외 집회에 따라가서 선교 비전을 키워라"고 말했다. 정 사장은 바로 내 말을 실천했고 지금까지도 우리 양로원과 선교사를 돕고 있다. 정 사장은 만주에 있는 교회에 피아노를 사주는 등 좋은 일을 하고 있다.

극동방송을 돕는 손길

극동방송을 운영하는 데는 전국의 수많은 교회가 버팀목이 되고 있다. 시간을 사서 설교를 방송하는 TDP (Time Donation Plan Program)를 통해 많은 교회가 선교에 동참하고 있다. 초창기에는 주로 재정적으로 여유가 있는 대형교회들이 TDP를 했으나, 요즘은 방송선교에 관심이 있는 많은 교회들이 참여하고 있으며 해외 한인교회 목회자들의 참여도 활발하다.

많은 교회가 방송사에 도움을 주는데 그 가운데서도 여의도순복음교회 조용기 목사의 도움이 특히 크다. 앞서도 말했지만 조목사는 1973년에 미국 FEBC(극동방송)가 오키나와 송신소를 제주도로 옮길 때 아세아 방송을 인수할 의사를 보였을 뿐만 아니라 빌리 그레이엄 목사의 통역 제의를 받은 적도 있다. 1977년에 팀 선교회가 극동방송을 넘기려고 할 때는 미국까지 건너가서 인수조건을 알아봤을 정도로 적극적이었다.

하지만 세 번의 기회는 모두 나에게 왔다. 그러면 내가 미울 수도 있을텐데 조용기 목사는 내게 "친구가 되자"고 제의했고, "섭섭하지만 공산권의 17억을 대상으로 선교하는 극동방송을 도와주겠다"고 약속

'실과 바늘' 같은 조용기 목사와 나

극동방송 인수도 빌리 그레이엄의 통역도 모두 나에게 빼앗긴 조용기 목사, 하지만 그는 나보다 더 나를 위해주는 둘도 없는 벗으로 사람들은 우리를 '실과 바늘'이라 부른다.

한 뒤 지금까지 지원을 아끼지 않고 있다. 우리는 '바늘과 실' '다윗과 요나단'이라는 별명을 얻을 정도로 친한 친구로 지낸다.

2000년 8월 나의 이야기를 담은 「그를 만나면 마음에 평안이 온다」(이근미 지음, 조선일보사 발행)의 출판기념회에서 조용기 목사는 축사를 할 때 자신이 세 번이나 졌다면서 이렇게 말했다.

"제가 1992년에 세계 하나님의 성회 총재가 되었어요. 3천 5백만 명을 대표하게 되었으니 이번에는 김장환 목사님을 이겼다고 생각했는데, 2000년에 김 목사님이 1억 6천만 명을 대표하는 침례교세계연맹 총회장이 되었네요. 이번에도 제가 졌군요."

친구를 높이는 그의 연설에 참석자들은 박수를 보냈다. 미국에 연고가 있었던 나와 달리 조용기 목사는 1964년부터 해외선교의 길을 스스로 개척해 세계적인 설교가가 되었다. 우리는 서로 잘 모를 때부터 외국 사람들에게 "빌리 김을 아느냐?" "데이빗 용기 조를 아느냐?"는 질문을 자주 받아 서로에게 궁금증을 품고 있었다.

소망교회 곽선희 목사는 중국에서 만난 교포들로부터 "극동방송에서 곽 목사님 설교를 듣고 감동받았다"는 얘기를 직접 듣고 우리 방송사에 지속적으로 많은 지원을 하고 있다. 곽선희 목사는 중국 교포들 사이에서 높은 인기를 누리는 설교가 가운데 한 분이다.

명성교회 김삼환 목사는 장로교 목사이면서도 나의 침례교세계연맹 총회장 취임 축하예배를 주최했다. 호텔에서 예배를 드리겠다고 하길래 돈들이지 말고 교회서 했으면 좋겠다고 요청해 2000년 2월 27일 저녁에 각 교단 총회장과 신학대학 총장, 기독교방송 사장 등 기독교계 주요인사와 수천 명의 교인이 명성교회에 모여 축하예배를 드렸다.

그날 예배에서 받은 헌금을 극동방송과 기독교방송에 반씩 나눠주었는데 우리 방송사가 받은 헌금은 모두 6천만 원이었다.

우리 방송사의 중요한 수입원 가운데 하나는 이사들과 운영위원들이 정기적으로 내는 헌금이다. 이사진을 구성할 때 아예 헌금을 할 수 있는 분들로 모셨기 때문에 그분들이 내는 헌금이 적지 않다.

운영위원회의 구성은 우연한 기회에 이뤄졌다.

1980년 6월, 해병대 예비역 소장인 임경섭 장로가 나를 찾아왔다. 그때 우리는 비가 새는 컴패션 건물에서 업무를 보고 있을 때였다. 월급날은 다가오는데 미국 본사에서 오는 지원금은 한정되어 있고 돈 들어올 데는 없어 답답한 마음에 울면서 기도를 하던 중이었다.

임 장로는 빗물받이 양동이가 널려있는 사무실에서 벌겋게 충혈된 눈으로 자신을 맞는 나를 보고 깜짝 놀랐다. 자초지종을 들은 그는 친구인 이명복 장로에게 5백만 원을 빌려와서 나에게 건넸다. 다음달부터 임경섭 장로, 이명복 장로, 이진우 장로, 이항수 장로가 힘을 합쳐 매달 부족한 5백만 원을 마련해 주었는데 그게 바로 운영위원회의 출발이었다.

현재 극동방송 11개사에는 모두 운영위원회가 조직되어 있으며, 2천 백여 명의 운영위원이 우리 방송을 지원하고 있다. 나는 이분들을 위해 매주 목요일에 성경공부를 인도하고 있다.

미국본사로부터 아시아의 중추적 방송사로 인정받는 우리 극동방송은 1995년에 러시아 하바로프스크에도 지사를 설립했다. 또한 필리핀과 캄보디아의 극동방송도 지원하고 있다. 이 모든 것은 모금에 동참해 준 귀중한 손길이 있었기에 가능했다.

고인 만큼 쓰는 '옹달샘 운영'

모금으로 운영되는 우리 방송사가 빚 하나 없이 매년 사세를 확장한 것에 대해 많은 사람들은 불가사의하다고 말한다.

1997년 12월 외환 위기가 닥친 이후에도 우리 극동방송은 한 명의 직원도 내보내지 않았고 월급도 깎지 않았다. 그동안 나의 경영방식을 "소극적이며 지나치게 절약한다"고 말했던 직원들은 경제난국에도 흔들림이 없자 그제야 좀 인정하는 눈치였다.

모금 못지 않게 중요한 것은 절약이다. 우리 직원들은 방송선교사라는 각오와 '절약이 곧 모금'이라는 생각으로 일하고 있다. 운영비 절감 요인 가운데 가장 큰 비중을 차지하는 것은 방송자동화에 따른 인건비 부담이 줄었다는 점이다.

우리 방송사는 1990년부터 방송자동화를 위한 준비에 들어갔다. 그 결과 국내 다른 라디오 방송사보다 5년에서 10년 앞서 방송환경 변화에 대처했다. 외국에 갈 때마다 라디오 방송사를 드나들면서 새로운 제도에 관심을 기울였던 나는 대여섯 명이 하루의 방송을 모두 소화하는 미국 방송사의 모습을 눈여겨보았다.

비결은 방송자동화였다. 자동화만 된다면 한 사람이 프로듀서, 보조 프로듀서(AD), 아나운서, 엔지니어 역할을 한 꺼번에 할 수 있었다. 초기에 자동화에 따른 투자만 효과적으로 하면 인건비를 획기적으로 절약할 수 있는 방식이었다.

1989년 말 내가 방송자동화 안을 내놓자 엔지니어들의 반발은 심했다. 그러나 나는 굽히지 않았다. 직원을 미국으로 파견하여 견학을 시킨 뒤 자동화 기계를 들여왔다. 그러자 초청해 온 미국 엔지니어들과 한국 엔지니어들이 자주 충돌을 일으켰다. 또 직원들은 새로운 시스템에 적응하기 힘들다며 불만을 토로했다.

드디어 1990년 초반 자동화 시스템에 의한 첫 방송이 나가던 날, 연속적으로 방송 사고가 터져 난리가 났다. 계속 방송이 중단되자 인근경찰서에서는 "폭도들이 방송국을 점거한 거 아니냐"는 전화를 걸어 왔을 정도이다. 이런 시행착오를 거치면서도 나는 자동화를 계속 추진했

APC(방송 자동화) 시스템

고 1993년부터는 전면 자동화를 실시하였다. 이때부터 한 사람이 아나운서와 프로듀서, 오퍼레이터(엔지니어)의 역할을 다한다는 의미의 '아나듀오'라는 신조어가 나왔다. 우리 방송사 실무직원들은 모두 '아나듀오'이다.

1998년 외환위기가 닥치자 국내 라디오 방송사들은 우리 방송사에 와서 방송자동화 현장을 견학하고 갔다. 자동화에 따른 유휴인력은 지방 방송사 설립 때 전출을 보냈다. 외환위기 이전에 구조조정을 실시한 셈이어서 우리 방송사는 아무런 타격도 받지 않았던 것이다.

우리 방송사의 경비를 줄이는 또 하나의 큰 줄기는 자원봉사자들의 활약이다. 우리 방송사는 최소 인력으로 운영되고 있기 때문에 행사가 있을 때면 자원봉사자를 모집해 행사를 치른다. 방송진행자 가운데도 자원봉사자가 많다. 공중파 방송에서 고액의 개런티를 받는 탤런트 김혜자 권사, 성우 고은정 권사, 탤런트 임동진 장로와 한인수 장로, SBS 예술단장 김정택 장로, 개그우먼 임미숙 집사 등이 극동방송에서 단 한 푼도 받지 않고 장기간 출연해 복음 전파에 애썼다. 그동안도 영화배우 고은아 권사와 가수 윤형주 장로 등 수많은 분들이 자원봉사를 해주었다.

사장인 나는 월급은 물론 판공비도 받지 않는다. 내가 방송사 근무시간에 나가서 집회를 인도하게 되면 받는 사례금은 반드시 방송사 경리국에 입금한다. 또한 나에게 개인적으로 선교활동에 사용하라고 주는 돈도 모두 방송사에 입금하고 영수증과 함께 감사 편지를 보낸다.

순교자 주기철 목사님의 아들인 주광조 고문은 대기업 회장을 지내다가 퇴직한 후 십 수년을 무보수로 일했다. 미국에서 밥존슨 대학교 상과대학을 졸업한 후 공인회계사 일을 하다가 주님의 부름을 받아 신학을 공부하고 목회하던 송용필 목사는 청소년 시절부터 우리 교회에 출석 했는데, 밥존스대학교 유학 수속을 도와 주었다. 그는 그 감사를 나와 함께 사역하는 것으로 갚겠다고 좋은 조건의 미국을 떠나 한국 극동방송에 와서 십 수년을 무보수로 부사장직을 맡아 여러가지 큰 일을 했고 지금도 가까이에 있다. 예전에 해병대 예비역 소장출신으로 우리 방송사에서 일했던 임경섭, 외교관 출신이었던 안세훈 부사장도 모두 무보수로 일했다. 그리고 나침반출판사 김용호 대표도 호주 시드니 집회 후 귀국길 비행기 안에서 일꾼을 보내달라는 기도 중에 하나님이 그를 떠오르게 해 함께 사역 하기를 요청했는데 그는 내 요청을 하나님의 부르심으로 알고 출판사 업무를 부장들에게 맡기고 겸직을 하면서 20여 년을 일하고 있다. 그래서 '극동방송에서 지출하는 돈은 직원 월급과 전기료, 우표값 밖에 없다' 는 얘기가 나올 정도이다.

나는 우리 직원들에게 "운영자금으로 그 누구에게도 거마비를 주어서는 안 된다. 운영자금으로 직원 회식을 하지 말라. 그리고 정부 기관에 대한 로비를 하지 말라"고 명령했다. 우리 방송사의 지출 방침은 "복음을 전하기 위해 꼭 필요한 만큼만 쓰되 가능한 한 적게 쓴다"는 것이다.

나의 경제철학은 "하나님의 돈을 갖고 하는 일이기 때문에 첫째, 아껴야 하고 둘째, 낭비하지 않아야 한다. 최대로 절약하면 하나님이 필요할 때 꼭 주신다"는 것이다. 이렇게 우리 방송사는 '고인 만큼 쓰고 약간씩 남기는 옹달샘 재정운영' 을 하고 있다.

다시 태어나도 목사가 되고 싶다

나는 집회 초청을 받으면 설교를 하고 난 뒤 교인들에게 방송선교의 중요성을 피력하고 모금의 시간을 갖는다. 나는 수많은 사람들이 보내준 성금을 조금이라도 허투로 쓰지 않게 철저한 노력을 기울인다. 많은 사람의 도움을 받아 목사가 된 나는 누군가가 부탁하면 가능한 한 들어주려고 애쓴다.

나에게 은혜를 입은 사람이 감사하다며 대접을 하려고 할 때 나는 그 감사를 저축해 둔다. 그리고 방송사에서 국내외 인사들을 초청했을 때, 나에게 대접하려던 이에게 연락을 해 저축해 두었던 대접을 받는다. 그러면 나에게 은혜를 입은 사람은 방송사를 도왔다는 생각에서 기쁘고, 우리 방송사는 운영비가 절감되는 이중의 효과를 얻는 것이다.

또한 외국에 나갈 때도 경비를 최대한 절약하기 위해 노력한다. 나와 함께 외국 출장을 가는 우리 방송사 직원들은 나와 한방에서 자느라 고생을 많이 했다. 사장과 한방에서 자기가 불편했겠지만 호텔비를 아끼기 위해서는 어쩔 수 없는 노릇이다.

나는 우리 방송사 직원들에게 방송선교사라는 인식을 심어주었다. 그런 의미에서 남자들은 단정한 양복을, 여자들은 치마를 입게 했다.

부도덕한 사람은 채용하지 않으며 방송출연도 금하고 있다. 또 그런 사람이 낸 음반은 방송하지 않는다. 복음을 전하는 방송이니 좀 엄격한 기준을 적용할 수밖에 없다. 청취자들이 "조강지처를 버린 사람이나 술집에 나가서 노래하는 사람의 노래를 왜 방송하느냐"고 물으면 할 말이 없지 않겠는가. 개인적으로 상처 입은 사람을 만나 위로하는 것은 목사로서 당연한 일이지만 큰 단체를 이끌어 나갈 때의 기준은 확실해야 한다는 것이 나의 철칙이다.

나는 직원들에게 늘상 겸손하고 섬기는 자세를 가지라고 말한다. 예전에 김익준 의원, 벽산그룹의 김인득 회장, 한양대 김연준 이사장과 미국으로 민간외교를 하러 갈 때면 나는 늘 나보다 열 살 이상 많은 그분들의 가방을 들어주었다. 한국에서 목사가 장로의 가방을 들어주는 일은 좀처럼 보기 드물다. 하지만 목사가 스스로 섬기는 모습을 보이지 않는다면 누가 나를 따르겠는가.

우리 직원들이 나에게 갖는 최고의 불만은 '칭찬에 인색하다'는 것이다. 언젠가 워싱톤 D.C에서 미국에 있는 제자들과 직원들이 모였는데 나에 대한 공개 불만의 시간을 가졌다. 나에게 야단맞은 일과 정신 없이 일했는데 인정을 못 받았다는 얘기가 이어졌다. 그러면서 모두들 나에게 칭찬을 좀 해달라고 말했다.

"말 안하면 칭찬이지 어쩌다 야단친 것 갖고 뭘 그러냐. 그러니까 99퍼센트가 칭찬인 거지. 나는 다시 태어나도 이렇게 살 거다"라고 말했더니 모두들 "목사님은 못 말려. 목사님 이름 「장환」을 거꾸로 불러

봐"라고 외치며 이마를 쳤다. 제자들은 그 자리에서 "공적으로는 무섭지만 사적으로는 따뜻하다"며 그나마 외국에 나오면 외국인들 앞에서 자신들을 칭찬해 주는 일로 위안을 받는다고 했다.

2005년 7월에 침례교세계연맹 총회장의 임기가 끝났다. 그때가 되면 나의 공식적인 일은 대부분 끝날줄 알았다. 하지만 나의 사역은 지금까지 왕성하게 계속되고 있다. 하나님의 말씀을 전파하고 나의 사역을 필요로 하는 사람들을 도우며 남은 삶을 살 계획이다.

우리 방송사의 방송심의실장이었던 당시 김용호 본부장은 부임할 때 운영위원들 앞에서 나를 "이뱅절리스트(Evangelist)로서 철저한 복음주의자이며, 이코노미스트(Economist)로서 최소비용으로 최대효과를 내는 분이며, 에너자이저(Energizer)로서 여러 계층의 사람들에게 활력을 주는 분"이라고 정의했다. 그 뒤로 사람들이 나를 '3E'라고 부르는데 그런 말을 들을때면 정말 3E로서의 역할을 잘해야겠다는 생각이 든다.

50년 이상 목회를 하면서 많은 사람을 만났지만 내가 소중하게 여기는 분들은 방송사를 소리 없이 돕는 작은 손길들과 1만 원, 2만 원을 손에 쥐어주면서 "목사님을 위해 기도 드릴게요" 하는 분들이다. 또 열악한 환경에서 방송선교에 헌신하는 우리 극동방송 직원들과 수원중앙침례교회와 수원중앙침례교회 은퇴 후 개척한 안디옥 교회 교인들,

목사는 나의 천직이다

나는 다시 태어나도 목사가 될 것이다. 그래서 지금도 나는 내 손주들에게도 수시로 목사가 될 것을 독려한다. 미국유학을 가기 전까지 하나님을 영접하지 못했던 나이지만, 이후 내가 신앙의 길을 걷게 된 것은 모두 그분이 예정하신 일이었다는 생각이 든다.

교역자, 모든 직원들이 다 소중하다.

나를 미국으로 데려가 공부시켜준 칼 파워스 씨는 버지니아주 단테의 산골에서 지금까지 결혼도 하지 않고 혼자 살고 있다. 그는 자신의 공로를 드러내지 않기 위해 한국에 초대해도 늘 이런저런 핑계를 대면서 피한다. 그런 칼 파워스 씨와 나를 조용히 뒷바라지해 온 아내 트루디에게 감사와 사랑을 전한다. 나는 다시 태어나도 하나님을 섬기고 이웃을 섬기는 목사가 되고 싶다.

마치면서

봉하마을로 가다

나는 스스로 '보수주의자'라고 말한다.

밥 존스의 보수적인 교육과 근본주의 신앙, 그리고 내가 살아온 시대의 '나라사랑법'이 큰 영향을 미쳤기 때문일 것이다.

노무현 전 대통령 또한 나의 보수주의적인 성향을 잘 알고 있었다.

노 대통령 재임 당시 청와대를 방문했을 때 내가 노무현 대통령으로부터 직접 들은 이야기다.

"목사님께서 저를 안 찍은 줄 압니다. 하지만 제가 당선되고 난 후엔 저를 도와주시니 진짜 민주주의 원리를 아는 분이라 생각합니다."

노 대통령의 지적대로 나는 노무현 대통령을 힘닿는 데로 적극 도왔다. 나라사랑에 보수와 진보가 따로 있을 리 없다.

2006년 9월 노무현 대통령이 나에게 도움을 청해왔다.

부시 전 미국 대통령과 정상회담을 끝낸 후 돌아가는 길에 샌프란시스코를 방문했는데 '릭 워렌 목사를 만나게 해 달라'는 것이다.

나와 친분이 두터운 릭 워렌 목사는 미국에서 정치적으로도 가장 영향력 있는 기독교인 중 한 사람이었다.

미국 부시 대통령과 함께

릭 워렌 목사, 조용기 목사와 함께

나는 당장 릭 워렌 목사에게 전화를 걸어 만남을 주선했다.

나는 노 대통령과 함께 그 자리에 참석했으며 릭 워렌 목사가 노 대통령을 위해 두 번이나 기도할 수 있도록 도왔다.

노무현 전 대통령이 퇴임과 함께 봉하마을로 내려갔다.

나는 노무현 대통령을 전도하기로 마음먹었다. 복음은 섬김과 위로가 필요한 사람에게 더 큰 능력을 발휘하기 때문이다.

김우식 전 비서실장에게 부탁해 봉하마을로 내려가고 싶단 뜻을 전달한 후 나는 김진표 의원, 김우식 실장과 함께 봉하마을로 내려갔다.

노 대통령 부부가 반갑게 맞아주었다.

청와대가 아닌 개인 주택에서의 만남이라 편안했다.

진보 대통령과 보수 목사의 정치적 이야기가 아니라 인간적인 대화를 나누려 애썼다.

우선 노 대통령과 깊은 신뢰를 쌓고 싶었다. 전도는 서로 신뢰가 쌓여야 쉽다고 생각하는 것이 평소 나의 지론이다.

봉하마을 방문 때 노무현 대통령

대화 중에 기회가 있을 때마다 복음을 전하려고 노력했다. 헤어질 때는 노 대통령의 평안과 영혼구원을 위해 진심으로 기도했었다.

해가 바뀌면서 노무현 전 대통령에 대한 검찰조사가 기정사실화돼 갔다. 나는 당장 봉하마을로 위로의 편지를 보냈다.

"두려워하지 말라 내가 너와 함께 함이라 놀라지 말라 나는 네 하나님이 됨이라 내가 너를 굳세게 하리라 참으로 너를 도와주리라 참으로 나의 의로운 오른손으로 너를 붙들리라."(이사야 41장 10절)

하나님께서 주시는 참 평안이 대통령님 내외분께 가득하시기를 기원합니다.

대통령님!
세상을 살다보면 기쁨과 슬픔, 어려움을 당하기 마련입니다.

하나님께서는 이런 때에 우리를 더욱 사랑하시고 친히 도와주실 수 있습니다. 하나님 앞에 모든 것들을 맡기시고 더욱 지혜를 구하며 기도하신다면 모든 일이 다 잘될 것으로 느껴집니다.

저는 우리를 택하시고 붙들고 계신 하나님의 섭리를 믿습니다.

그 하나님의 사랑이 대통령님 내외분께 넘치시기를 계속해서 기도드리겠습니다. 일이 잘 처리되기를 바랍니다. 더욱 강건하십시오.

2009년 4월20일(월)

극동방송 김장환 드림"

그로부터 꼭 열흘 후 노무현 전 대통령은 검찰에 소환됐다. 그리고 그의 자살 소식을 듣게 되었다. 노 대통령의 갑작스런 죽음은 충격 그 자체였다. 민족적인 불행이고 국가적인 불행이었다.

'조금만 더 격려하고 조금만 더 위로해 주었었으면…' 인간적인 아쉬움에 땅을 쳤다. 하지만 사람의 후회로는 아무것도 돌이킬 수 없다.

인간의 생명은 사람의 시간에 맞추어져 있지 않았다.

노 대통령의 소식을 들은 릭 워렌 목사가 권 양숙 여사에게 아래와 같이 애도의 편지를 보내왔다.

"권양숙 여사님께,

노무현 전 대통령님의 서거에 깊은 애도의 마음을 전합니다.

대한민국 온 국민에게 지대한 영향을 끼친 노 전 대통령을 잃은, 여사님을 비롯한 유족들의 슬픔에 함께 하기 원합니다.

노무현 전 대통령님은 재임기간, 역사상 가장 중요한 변화기를 거치고 있던 대한민국에 새로운 발자취를 선명하게 남기셨습니다. (중략) 무엇보다 인권과 평화적인 남북관계에 끼친 그 분의 영향은 오고 오는 역사 속에서 지속적인 반향으로 남아, 모든 세대가 그 열매를 보게 될 것입니다.

노무현 전 대통령님의 서거에 다시 한번 심심한 조의를 표하며, 귀 가정에 하나님의 평안과 위로가 함께 하시기를 기도드립니다.

릭 워렌 목사 드림"

나는 모든 사람이 하나님의 구원을 받으며 하나님의 진리에 이르기를 바란다. 그러기에 나는 오늘도 때를 얻든지 못 얻든지 복음 전파에 힘쓰고 있다.

평강의 주님께서 친히 때마다 일마다 여러분에게 평강을 주시고 주님께서 모든 사람과 함께 하시기를 기도하면서…

나의 마지막 당부다.

"쓰러지고 넘어져 낙망에 빠진 사람이 있다면 당장 손을 내미십시오.
슬픔과 고통에 빠진 사람이 있다면 지금 위로의 편지를 띄우십시오.
섬겨야 할 사람이 있다면 곧장 따뜻한 물을 데워 발을 씻겨드리십시오.
나누고 싶은 음식이 있다면 당장 달려가 이웃의 초인종을 누르십시오.
섬김은 언제나 현재 진행형입니다.
'다음에'는 늦습니다."

특별한 기억

운명적인 사람 칼 파워스에게 침례 베풂

칼 파워스 상사는 오늘의 나를 있게 한 운명적인 사람이다.

유학이란 말조차 생소했던 1950년대, 미군 부대에서 하우스보이로 일하던 나에게 미국 유학의 길을 열어주었다. 그때는 칼 파워스도 나도 크리스천이 아니었다.

미국 유학생활 8년 동안 나는 한번도 한국에 가질 못했는데, 방학이면 파워스 씨 부모님 집에 머무르며 집안일을 도왔다. 칼 파워스 씨 부모님은 나를 언제나 넷째 아들이라 소개하며 극진히 뒷바라지해 주었

침례받는 칼 파워스

한국전쟁 중 막사에서의 칼 파워스 상사

칼 파워스와 함께

칼 파워스와 나의 두아들 요셉, 요한

다.

칼 파워스 씨는 나보다 여섯 살이 많다. 나는 16세 소년이었을 때 그는 22세이었다. 미국에서 첫번째 방학을 맞은 나는 파워스 씨 집에 가서 "예수를 믿게 되었다"고 말했을 때 파워스 씨는 "그럼 나도 믿어야겠다"라고 말했다.

1978년 크리스마스, 칼 파워스 씨는 이스라엘의 요단강에서 나의 집례로 침례를 받았다. 27년 전 옆 막사의 하우스보이 였던 나를 세계적인 지도자로 길러 내는데 결정적인 역할을 한 파워스 상사와 그의 헌신을 헛되지 않게 한 나의 눈에는 감격의 눈물이 어른거렸다.

칼 파워스의 부모님

칼 파워스 형제들

칼 파워스 방한환영

최근의 칼 파워스

1960년대
남겨진 기억들

1970년대
남겨진 기억들

1980년대
남겨진 기억들

1990년대
남겨진 기억들

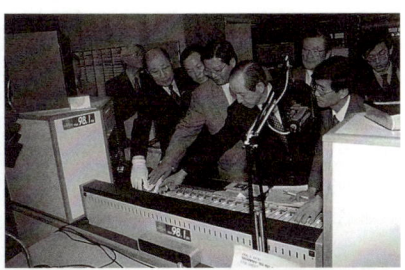

2000년대
남겨진 기억들

프라미스키퍼스 아틀란타 대회

프라미스키퍼스 LA 대회

BWA 19차 총회

섬기며 사는 기쁨

지은이 | 김장환
발행인 | 김용호
발행처 | 나침반출판사

22쇄 발행 | 2021년 2월 20일

등 록 | 1980년 3월 18일 / 제 2-32호
주 소 | 157-861 서울 강서구 염창동 240-21
　　　　블루나인 비즈니스센터 B동 1607호
전 화 | 본　사(02)2279-6321
　　　　영업부(031)932-3205
팩 스 | 본　사(02)2275-6003
　　　　영업부(031)932-3207

홈페이지 | www.nabook.net
이 메 일 | nabook@korea.com
　　　　　nabook@nabook.net

ISBN 978-89-318-1444-6
책번호 가-9035

값은 뒷표지에 있습니다.